吉林出版集团股份有限公司

图书在版编目(CIP)数据

名家美文话格言. 劝学 / 吴建有编著. -- 长春 : 吉林出版集团股份有限公司，2013.10

ISBN 978-7-5534-3071-3

Ⅰ. ①名… Ⅱ. ①吴… Ⅲ. ①汉语－格言－青年读物 ②汉语－格言－少年读物 Ⅳ. ①H136.3-49

中国版本图书馆 CIP 数据核字(2013)第 224192 号

编　　著：吴建有　　选题策划：曹　恒
责任编辑：息　望　付　乐　　责任校对：赵　萍
封面设计：卢　婷　　插　　图：李　亮
出版发行：吉林出版集团股份有限公司
印刷：河北锐文印刷有限公司
版次：2014 年 1 月第 1 版　　印次：2018 年 5 月第 2 次印刷
开本：787mm × 1092mm　1/16　　印张：12.5　字数：150 千
书号：ISBN 978-7-5534-3071-3　　定价：40.90 元
社址：长春市人民大街 4646 号　　邮编：130021
电话：0431-88029877　　传真：0431-85618721
电子邮箱：tuzi8818@126.com

总序

我历来认为，对中华传统文化的考证与评估虽然重要，但毕竟只是手段，“古为今用”，为中华民族的团结和振兴发挥积极有益的精神作用，才是目的。这就好比祖宗留下了丰厚的遗产，固然首先要加以清理，但清理只是为了更好地使用；不但要用好，还要尽可能把它“盘活”，使之在现实中生发和增值。惟其如此，也才能使优秀传统文化更加贴近广大群众，尤其是贴近青少年而利于久远的流传与弘扬。我们编撰这套《名家美文话格言》，就是想在优秀传统文化的古为今用与传承弘扬上做一点尝试与探索。

中华文化源远流长，古籍文献浩如大海，而警句格言则是经过历史反复筛选与提炼的思想瑰宝，由此了解中华传统文化，入门容易，且可深窥诸子百家思想之精华。现在，各种中外名人名言选本已出版不少，并受到广大读者的欢迎。我们这套丛书具有与众不同的编撰特点：

一是尽可能显示分散的警句格言之间的内在联系。现在编成的六个分册，前三个分册中，《明道》揭示的是中华文化的核心范畴，《尚德》展示的是中华文化的主导价值，《智慧》显现的是中华文化的基本特征，道、德、智正是中华优秀传统文化的三大构成要素。后三个分册中，《立志》为成事之首，《劝学》是成才之基，《践行》是成功之本，志、学、行正是人生不可缺一的三大构成环节。当前我们正在构建社会主义和谐社会的核心价值体系，这一价值体系的建设离不开对传统文化的深刻理解与传承弘扬。全面把握道、德、智这中华优秀传统文化的三将有助于我们去建设社会主义和谐社会，并为构建中华民族共有的精神家园添砖加瓦。

二是充分揭示这些古老格言的现实警世与启迪意义。传统文化，只有取其精华，引申诠释，使之与当代社会相适应、与现代文明相协调，才能既保持民族性，又体现时代性，彰显历史智慧的现实生命力。为此，我们在讲解中既介绍每条格言产生的历史文化背景，又联系现实的国情、世情、人情，阐述它的警世意义及对人生的启迪作用。例如老子、庄子“道法自然”的思想就蕴含了极其深刻的生态智慧，对化解全球性生态危机具有现实警世意义。孔子、孟子讲的“仁者爱人”“舍生取义”“富贵不能淫，贫贱不能移，威武不能屈”等名言，对我们抵制社会上的不正之风，弘扬“八荣八耻”的社会主义荣辱观仍有激励作用。《立志》《劝学》《践行》中所选编的那些警世格言，对青少年健康成长更有直接的启示意义。

三是力求图文并茂、深入浅出。对每一条警句格言中的疑难文字，我们都作出明确的注释，并将古文翻译成白话文。在阐述讲解时，尽可能引用相应的历史典故与现代案例，同时配以精美的插图，以适应“读图时代”广大读者的需要。各个分册，按照所编格言的不同内涵特色，或突出哲理，或重在叙事，或夹叙夹议。其中相当一部分千字文，可以作为语文中考、高考的参考范文。

在编撰本丛书的过程中，我们深深感到中华文化博大精深，诸子格言内涵丰富，限于我们的认识水平，对它们的理解与诠释是不可能毕其功于一役的。对于书中的错误和不足之处，尚望读者朋友给予批评指正。

金开诚

2008 年 3 月

导言

弘扬重教崇学的优秀文化传统

中国自古以来，即有重学劝学的传统。在历史发展的各个时期，都曾出现过一些人品与学品俱佳的大师。他们的思想，他们的人格，影响了一代又一代华夏学子，造就了中华文化所特有的“重教崇学”。可以说，泱泱数千年文明，所以能绵延至今，“重教崇学”功不可没。

从历史发展的实际情况看，儒家学派中的诸大师无一不对完美理想的个体人格塑造怀有浓厚的兴趣。在他们看来，一个完善的、达到至仁境界的个体人格是士人君子从事一切工作的发端和开始，大到治国安邦，小到事父事兄，均须以此为出发点。围绕此一问题，儒学的大师们几乎完全一致地把目光投向了学习。他们认为，只有通过学习，通过汲取自己原来不知道、未掌握的知识，完美人格的塑造才有望实现和达到。

关于学习的作用、学习的方法、学习的目的以及学习的境界，孔子在《论语》中多有论述。《论语》一开篇就首先讨论“学”，他说：“学而时习之，不亦说乎？”在《论语》中有66次谈到“学”，由此即可见孔子对“学”之看重。比如他说：“好仁不好学，其蔽也愚。好知不好学，其蔽也荡。好信不好学，其蔽也贼。好直不好学，其蔽也绞。好勇不好学，其蔽也乱。好刚不好学，其蔽也狂。”对于他本人，孔子也认为自己“非生而知之者，好古，敏以求之者也”。在孔子看来，一辈子的进步特别是人的修养进德没有终点。从学习的方法上讲，孔子一方面看重多闻多见，反对不懂装懂、装腔作势，他认为“多闻，择其善者而从之，多见而识之，知之次也”，“多闻阙疑，慎言其余，则寡尤；多见阙殆，慎行其余，则寡悔”。另一方面，孔子主张闻见之外还须兼重思索，因为“学而不思则罔，思而不学则殆”。学习需要“九思”，学习要举一反三。更富新意的是，孔子竟将“食无求饱，居无求安，敏于事而慎于言，就有道而正焉”的“好学”当成“君子”的一个重要标准。实际上，孔子这种近乎学习本位的思想，对日后中国人“重教崇学”传统的形成具有决定性意义。

孔子之后的孟子，虽然有着比孔子明显得多的士人贵族倾向，甚至还说过一些诸如“劳心者治人，劳力者治于人；治于人者食人，治人者食于人”等，让今人完全不能接受的话，但是孟子的重“学”倾向同样是明显的，他所坚持的基本上仍是孔子开创的传统，而又与孔子有所不同。首先，孟子从总结历史经验的角度出发，认为夏、商、周三代都是重视学校教育的，尽管因时代不同学校的名字有所不同。而学校教育就是教人学习，以帮助学习者明人伦。所以说孟子的学习思想带有鲜明的伦理色彩，但其因重视学校教育而强调学习重要的积极意义却不可低估。其次，孟子认为学习者对待学习要全力以赴，要做到全心全意、百分之百，这叫“志于彀”；同时，他认为学习“亦必以规矩”，规矩的重要就像匠人治木一样，治学没有规矩也是难成方圆的。再次，孟子对学习的学派、家法也提出了前无古人的看法。比如他在《孟子•滕文公上》中曾矢口否认仲尼之徒对非儒家的“齐桓晋文之事”的了解，更反对儒家的陈良弃儒而学农家等，这一看法对后世的影响也堪称巨大。当然，与孔子相比，孟子对学习的看法似乎政治色彩更浓厚一些，这是那个时代留下的印记。

孔孟之后，荀子关于学习问题有比孔孟更广泛的关注和更深入的讨论。最突出的表现就是荀子撰有专文《劝学》，通过《劝学》全面表达他关于学习的思想。在《劝学》中，荀子首先阐述了学习对于人增长知识和才干、增进品德修养及全身远祸的重要性，并且认为学无止境，学习是一个人一生的事情。关于学习的态度，荀子认为应该是专心致志、持之以恒，而不应该心浮气躁而终身无所寄托。至于学习的内容，荀子认可的是儒家经典《诗》《书》《礼》《易》《乐》《春秋》等；学习的方法除了要阅读典籍外，还要善于向贤人请教，同时也要善于用学来的知识教人。关于学习的目的，荀子的明确定位是做人。也就是说，一个人一生都要善始善终地坚持学习，通过不断地积累、不断地丰富完善，使自己达到既全面又纯粹的人格境界。

孔孟荀之外，儒家有关重“学”的讨论还有被后世称为经典的《礼记》中的《学记》篇。《学记》中对学习重要性的强调以及对教学方式方法等问题的探讨，也是儒家重学劝学的一项重要成果。

所以说，在先秦儒家那里，对于学习已经有了一个相当高的定位，这个高定位为日后中国文化中的“重教崇学”传统奠定了坚实的基础。随着汉代武帝时期的文化转向，儒学被定于一尊，儒家书籍被奉为经典，孔子被尊为圣人，早期儒家大师们所提倡的一切都差不多被以典范的方式肯定下来。后来“重教崇学”的思想逐渐又影响到广大农村，致使许多人都把耕读当作传家的法宝，把读书学习和人生中种地吃饭看得同样重要，甚至认为学习更先一步、更高一等。这样的文化认同后来渐渐被强化，并逐渐沉淀为一种集体意识，形成了一种浓厚的“重教崇学”的民族文化传统。

吴建有

2008 年 3 月

目录

从师

习学

目录

精思

目录

有恒

目

从师

“古之学者必有师。师者，所以传道受业解惑也。人非生而知之者，孰能无惑？惑而不从师，其为惑也，终不解矣。”“一日为师，终生为父”或许言过其实，但为学莫重于尊师。

相关链接：学问如逆水行舟，不进则退。——左宗棠

有教无类

子曰："有教[1]无类[2]。"

——《论语·卫灵公》

注 ①教：教育。
②类：类型。

释义

孔子说："人人都可以接受教育，不分族类。"

"有教无类"是孔子针对西周学在官府、以贵族子弟为教育对象而最先提出来的一种教育主张，不管对哪一类人，只要有心向学，都可以入学受教，这是人类教育史上"一项很有革命意义的政治突破"。可以说，打破"学在官府"的局面是孔子在教育方面最光辉、最灿烂的亮点之一。在教育活动中，孔子也的确践行了"有教无类"的教育理念。他的学生中有贵族，但更多的还是平民。据史料记载：孔子的弟子子贡是卫国的商人，颜涿聚当过强盗，子张是做马匹交易的经纪人。正是由于孔子的"有教无类"，才使得这样一些平民、商人，甚至强盗，受到了良好的教育后，后来成了显达之士。可见，孔子的"自行束修以上，吾未尝无诲焉”绝非虚语。

孔子的“有教无类”的“类”，不只是表现在贵贱这一个方面，而且包括了其他许多方面，各种类别的人，不分地域、贫富、老少、贤愚，都是孔子施教的对象。他的学生来自不同的诸侯国，如曾子是鲁人，子张是陈人，子长是齐人，子游是吴人。颜路与颜回，曾点与曾参父子都同时是孔子的学生。孔门弟子各有性格上的毛病，高柴愚笨，曾参迟钝，颛孙师偏激，仲由鲁莽。正是由于孔门弟子各类人都有，所以南郭惠子问子贡：“夫子之门何其杂也?”子贡回答说：“君子正身以俟，欲来者不距，欲去者不止……是以杂也。”孔子讲学兼收并蓄，来去自由，所以人员很杂，而这一“杂”，正是孔子“办学宗旨”(有教无类）的生动体现。

孔子“有教无类”的教育主张，有其人性论上的根据。孔子的“性相近，习相远”意思是说，人的本性是相近的，但由于后天的环境和习气不同，所以表现出来的差异很大。既然人的本性都是相近的，而教育又可以改变人的习性，那么，我们就不应该因为某人表现出“恶”就不对他施教，而要通过好的教育使之“趋向于善”——至少要达到“有则改之，无则加勉”的效果。据《史记》记载：“子路性鄙，好勇力，志伉直，冠雄鸡，佩豭豚，陵暴孔子。孔子设礼稍诱子路，子路后儒服委质，因门人请为弟子。”意思是讲：子路这个人生性粗鄙，逞强好斗，有一次居然戴着公鸡的羽毛，佩着公猪的牙齿等示强之物，侮辱过孔子。然而，孔子没有因此而疏远他，而是慢慢引导，最终使之穿着儒服，带着拜师的礼物，通过孔子门人的引见请求拜孔子为师。如果孔子因为子路侮辱过自己而不对他进行教育，那么，中华文明史上就少了一个大贤人了！

“有教无类”实质上是一种朴素的教育公平理念，具有教育公平的特征。“有教无类”为19世纪教育公平概念的正式提出提供了一个早期的、从理论层面到实践层面的有益尝试，对我国今天的教育改革和发展仍有指导意义，如教育部发文叫停义务教育阶段举办各种名目的重点学校、以各种名义在校内分设重点班和非重点班，并且要求规范公共教育资源配置，推动优秀教师、实验设备等教育教学资源的共享等等，这就是“有教无类”思想在现代意义上的最好诠释，只不过它的内涵更丰富，外延更宽广，要求更具体。遗憾的是，一些个别学校为了小团体的利益，打着各种幌子，巧立名目，依然继续设立或变相设立实际意义上的重点班和非重点班，并

相关链接：尊师，则不论贵贱贫富。——《吕氏春秋·劝学》

在教育资源配置上对重点班进行倾斜，这种“办学宗旨”与古人“有教无类”的思想相比，是多么令人惭愧啊。

应当注意的是，孔子的“有教无类”不包含妇女，不是全民教育和普及教育，因此有其局限性，他的“唯女子与小人难养也”是其重男轻女、男尊女卑的“有教无类”教育观的最好注脚。

相关链接：力学如力耕，勤惰尔自知。但使书种多，会有岁稔时。——刘过：《书院》

教不严，师之惰

养不教，父之过；教不严，师之惰①。

——《三字经》

注 ①惰：懒惰。

释义

生养孩子却不加教育，是父亲的错；教育学生不严格，是老师的懒惰了。

“教不严，师之惰”用意十分清楚，就是当家长把孩子送到学校后，这孩子就成了你的学生，老师对学生不仅要给予关心、爱护、引导等，而且要对学生严格要求、严加管教，使之成才。如果因为老师的放纵使学生犯了错误，那就是老师的失职。此所谓“不懂而教，是不称职；懂而不教，是失职；教而不严，是渎职”。

与“教不严，师之惰”相对应的是“严师出高徒”。二月河所著《乾隆皇帝·秋声紫苑》中讲道：有三十多个人，大的年可弱冠，小的只七八岁，都是皇亲国戚，什么顽皮样儿都有。对他们的教育就托付给了毓庆宫师傅王尔烈。和珅笑问王尔烈：“这些爷犯过，王师傅也敢罚？”王尔烈答：

相关链接：博学而笃志，切问而近思。——《论语·子张》

“打我也敢，昨儿庄亲王的孙子就挨了我三戒尺，他与和亲王的孙子绵伦背不上书来，还争蝈蝈葫芦，绵伦才六岁，我这板子就下不去，罚他跪在宫外太阳地里背一个时辰的书。”和珅却暗自咂舌：对其他龙子龙孙倒也罢了，可绵伦是乾隆嫡亲侄孙，每次见着，乾隆都要抱起来嬉逗的，你竟敢罚他的跪，不想活了！可见，在王尔烈看来，没有规矩无以成方圆，为了大清江山，只

相关链接：学到老，过人远矣。——姚舜牧：《药言》

有严字当头了，皇帝老子又怎样？试想，如果王尔烈“教不严”，大清敢把那些“爷们”的教育托付给他吗？

当然，对于今天的教育来说，严是有标准的严，是在一定范围内的严，是符合教育规律的严，是有利于学生德、智、体诸方面都得到发展的严，是建立在具备良好的师德、扎实的教学基本功并懂得教育教学规律基础之上“打铁自身硬”的不怒自威，绝不是无规律、随心所欲的严，更不是摧残学生身心健康的严，正所谓“己不正焉能正人”。严而有格，既要给学生指出方向，又要给学生提出具体的要求是成就高徒的前提条件。唯如此，学生才能敬其师，信其道。

不过，能不能成才，“教之严”只是外因，学生自己才是内因。过度强调“严师出高徒”或谴责“教不严”，容易使学生、家长过多地依赖“严师”，不利于学生主观能动性和家庭教育作用的发挥。望子成龙、望女成凤是每个家长的心愿，而使每个学生成才也是每个教师的心愿，在这一点上，家长和老师的心愿从根本上是一致的。不过要知道，父母是孩子的第一任老师，不能将教育责任完全推给老师、推给学校、推给社会，自己则坐享其成。如果家长不及时管教自己的孩子，等孩子养成诸多不良习惯后，即使老师再“严而有格”，终究只能事倍功半，如再有《红楼梦》里贾母那样极有权威的老太太(爷爷奶奶、外公外婆）庇护，就更难管教了。因此，教育必须是老师与家长联合起来，齐抓共管，有些话只能老师说，有些话又非家长讲不行，两者缺一不可。

相关链接：盛年不再来，一日难再晨。及时当勉励，岁月不待人。——陶渊明：《杂诗》

敏而好学，不耻下问

子贡问："孔文子①何以谓之'文'也？"子曰："敏②而好学，不耻下问，是以谓之'文'也。"

——《论语·公冶长》

注

①孔文子：卫国大夫。
②敏：勤勉，聪明。

释义

子贡问道："孔文子为什么被谥为'文'呢？"孔子说："他勤奋好学，不以向不如自己的人请教为耻，所以被谥为'文'。"

古代君主、大臣、贵族死后都要依据他的生平事迹给一个称号，这就叫"谥"，所给称号也就叫谥号。关于"文"，《逸周书·谥法解》列了经纬天地、道德博厚、学勤好问、慈惠爱民等多种品德，也就是说，凡是有这些品德之一的都可以谥为"文"。那么，"孔文子到底是因为哪一方面的出色品德而被谥为'文'的呢？"子贡由此而发出了疑问。孔子说："敏而好学，不耻下问。"这里的"不耻下问"涵盖了在学术上人人平等之意，即一个社会地位极低的人，只要他具备我们所不懂的知识学问，我们就应该向他学习，决不能因为他的地位低下而耻于向他请教。

“敏而好学，不耻下问”是孔子治学的一贯态度。有一次，他乘车行走在大街上，一个小孩子在大街中央用泥土、石头搭成一座小城楼，看见孔丘的车来了，站在小城楼前不动，任凭车夫几次喊叫吆喝，丝毫没有避让的意思。孔子觉得奇怪，下车忙问：“你见了车子为什么不回避？”小孩却不慌不忙、面不改色地回答：“车子见了城池，不能绕道而行吗？”孔子恍然大悟，急令车夫绕道而行，并深有感触地说：“论知识，他不如我；论德行，他简直就是我的老师啊！”当然，这仅是“名人轶事”而已，并不是说今天的小孩在路中央随便“办个家家”，我们就得绕道而行。

对许多人来说，敏而好学似乎要比较容易做到一些，例如“凿壁偷光”“囊萤映雪”等。因为，这无非是聪明加勤奋罢了，至多反映的是一个人好不好学的问题，而要做到不耻下问就要难多了，它牵涉到自尊心、虚荣心等问题，是一件挑战自我的事。如果是自己位卑、能力弱、孤陋寡闻，求教于位尊者、能力强者、见多识广者，那似乎没有什么以为耻的。但如果反过来，以位尊者求教于位卑者、以能力强者求教于能力弱者、以博学者求教于低学历者，恐怕顿时会感到脸上无光，耻于开口了。经常看到有些人明明是急于“下问”，却打着哼哼哈哈，偏要装出一副满不在乎的样子，更有甚者，把请教的话题反过来用查问的口气来说，那才叫“死要面子活受罪”！

其实，细细想来也没有“耻于下问”的必要。你看，连一个小孩都能当思想家的老师，连一个思想家都能做到“不耻下问”，我们还有什么理由不能虚心地向他人请教呢？想学做饭，可以向父母请教；想学养花，可以向爷爷奶奶请教；学习上有困难，可以向老师、同学请教。反之，爷爷奶奶想学电脑也可以向儿孙请教；老师偶有读不准的字、想不明的理儿当然也可以向学生讨教……圣人与我们有什么不同？子曰：“十室之邑，必有忠信如丘者焉，不如丘之好学也。”意思是说，即便十户人家的小村庄，也一定有像孔子这样忠诚信实的人，只是他们不像他那样好学罢了——说得更明白一点就是信实忠诚都相同，所不同的只是好学不好学的问题。不懂装懂或是只知其一，不知其二，肤浅敷衍，若是一般人“滥竽充数”倒也罢了，因为他不至于对社会有什么大害，但倘若为人师者岂不要“误人子弟”？为人官者还不要“祸国殃民”？

问是一时之耻，不问是一世之耻。当我们由于自己无知而去求教于人

相关链接：百工居肆以成其事，君子学以致其道。——《论语·子张》

的时候，也许确实是有点难为情，就算是“一时之耻”吧，但当你问了之后，搞懂了，今后就不会因同样的“无知”而再次蒙羞了；否则，这辈子就有可能一而再、再而三地贻笑于人而蒙羞。所以，人生在世，最聪明的不是我们所固有的天赋，而是我们不耻下问的获取，此谓“人力胜天工，只在每事问”。

相关链接：读书切戒在慌忙，涵泳工夫兴味长。——陆九渊：《读书》

为学莫[1]重于尊师。

——谭嗣同：《浏阳算学馆增订章程》

注 ①莫：没有。

释义

学习最主要的是尊重老师。

无论是为人类社会作出巨大贡献的杰出人物，还是在普通的岗位上自食其力的平凡人物，都或多或少受过老师孜孜不倦的教诲。在某种程度上说，老师是人类文明的缔造者，是人类先进文化的传播者。古人“一日为师终生为父”和“举世不师，故道亦离”足可以说明老师在人们心目中的地位。

尊师重教是中华民族的传统美德，自孔子在山东曲阜开创第一所“学校”以来，尊师之风日兴，从古至今，被传为佳话的名人尊师范例，不胜枚举。北宋著名理学家杨时曾受业于程颢、程颐兄弟，他最早把二程理学传入福建，开创理学的“道南系”，被尊为“闽学鼻祖”。杨时 40 多岁时有一天在洛阳求教于程颐的时候，恰巧程颐正在打盹，他就恭敬地站在旁边，

相关链接：虽有嘉肴，弗食不知其旨也；虽有至道，弗学不知其善也。——《礼记·学记》

等到程颐醒来的时候，门外的雪已经有一尺深了，这就是所谓的“程门立雪”。

都说皇帝是真龙天子，君权神授，然而刘庄(汉明帝）继位做了皇帝后立即“犹尊桓荣以师礼”（桓荣是刘庄做太子时的老师)。他常亲自到太常府去，让桓荣坐东面，设置几杖，像当年讲学一样，聆听老师的指教。桓荣生病，明帝不仅会亲自登门看望，而且都是一进街口便下车步行前往，以表尊敬。进门后，往往拉着老师枯瘦的手，默默垂

相关链接：贤者由学以明，不贤者废学以昏。——方孝孺：《逊志斋集》

泪，良久乃去。桓荣去世时，明帝还换了孝服，亲自临丧送葬，并将其子女作了妥善安排。此等尊师之道，即便在今天听来，仍让人感动不已。

尊师重教，是一个老生常谈的话题，“重教”必先“尊师”。在上个世纪六七十年代，我们曾经批判过“师道尊严”，那时既不重教，更谈不上尊师。今天，从国家到家庭都在重视教育，都希望能培养出国之栋梁；而作为父母，则更希望自己的孩子能成龙成凤，从上幼儿园开始就进行智力投资，择好学校，选好教师。“重教”是没有错的，但由于市场经济的一些负面影响，“尊师”与“重教”相比，好像是无所谓的事了，特别是重教和尊师被人为地割裂开了。有些人一夜成名后不是认为自己天资聪明就是认为父母教子有方，当名目繁多的电视大赛主持人现场采访参赛者时，优胜者大多会泪流满面地脱口而出：“谢谢爸爸妈妈”，而落选者则会说：“我会努力的”。此时，很少有人会想到一直陪伴着他们成长的老师。当然，我们不妨也可以扪心自问：当你大学毕业后在拥有满意的工作、事业和家庭的同时，心中是否还惦念着曾经教过自己的老师呢？是否知道每年的 9 月 10 日是他们的节日呢？有否打一个电话勾起他们也许早就褪色的回忆呢？

相关链接：问渠哪得清如许，为有源头活水来。——朱熹：《观书有感》

相关链接：君子有三忧。弗知，可无忧与？知而不学，可无忧与？学而不行，可无忧与？——韩婴：《韩诗外传》

青，取之于蓝，而青于蓝

君子曰："学不可以已。青[①]，取之于蓝，而青于蓝；冰，水为之，而寒于水。木直中绳，輮[②]以为轮，其曲中规。虽有槁暴[③]，不复挺者，輮使之然也。"

——《荀子·劝学》

注
①青：靛青。
②輮：通"揉"，使直木弯曲或伸直。
③槁暴：晒干。

释义

君子说："学习不可以停止。靛青是从蓝草中提取的，但它的颜色比蓝草更青；冰是水凝成的，但它比水更冷。一块木材很直，合乎木匠拉直的墨线，假如把它弯曲做成车轮，它的弯度就可以符合圆规画的圆。即使又晒干了，也不能再挺直，这是由于人力加工使它变成这样的。"

荀子教学有三法，即：逍遥解惑法、单课叙谈法和聚学大讲。逍遥解惑法是专对学有困惑而羞于启齿的敦厚弟子，和他们边走边谈，消除了弟子们的拘谨，诸多疑难在逍遥漫步之中倏然化解；单课叙谈法是专对个别天资聪明的英才弟子，把他们叫进书堂单独叙谈，听弟子诉说修

身感悟，要紧处点拨几句，末了再评点一番，让他们茅塞顿开；聚学大讲则是集全部弟子阐明最重要最基础的论题，即上大课。然而，三法之外，荀子尚有与其余诸子最特异之处，这便是激励弟子创新超越老师。弟子若能不拘泥老师所讲，不拘泥当世成说，而有独立创见，荀子便大加褒奖，李斯、韩非子等皆出荀子之门，而其学问却皆于荀子大有创新之处，这正是荀子育人之法得宜也！

东汉张仲景在超越前人方面给我们树立了个典范。张仲景生活的年代战争频繁，疠疫流行，民不聊生。他看到史书中记载扁鹊治病“一望便知病在何处”十分感慨，心想：前人能做到，我为何不能？因此，他便决心研究医学，拜同郡张伯祖为师，但其医术很快就超越了其师张伯祖，成为“医圣”。他的医学巨著《伤寒杂病论》确立了祖国医学“辩证论治”的规律，它奠定了中医治疗学的基础，是我国最早的一部理法方药俱备的经典著作，开创了祖国医学辨证论治的先河；同时在制剂学方面也有独到之处，对后世也有深远的影响。因此，历代医家无不尊张仲景为“医圣”。与张仲景同时代的华佗，读了《伤寒杂病论》后喜曰：“此真神人也。”可见张仲景医方的宝贵。《伤寒杂病论》至今仍指导着临床实践，也是医家必读之书。

“青，取之于蓝，而青于蓝”的本意是激励学生、晚辈、后进努力进取，具有积极意义，但遇事也不能以偏概全，非得“青于蓝”才行。历史的每个进程和每个侧面都有其灿烂的以至不可替代的一面，比如唐诗、宋词、元曲，后人就很难超越。当然，也不一定有超越的必要，因为，追求成功除了试图超越前人之外，完全可以另辟蹊径，在不同的领域创立辉煌，就像一棵树，在不同的枝杈上怒放各自的奇葩，其意义也是显而易见的。

人类从茹毛饮血的愚昧时代，发展到今天征服太空的文明时期，每一个世纪、每一个国家都有自己的英雄。他们大都在青壮年时期功成业就，虽然年轻，但凭着初生牛犊不怕虎的锐气，超越先哲，在历史的舞台上演出了一幕幕威武雄壮的传世之作。而他们的学生也像他们一样，追随并超越他们，推动了人类的进步，正是：长江后浪推前浪，一浪更比一浪高。

需要强调的是，我们在树立“不唯上、不唯书”、后来居上雄心壮志的同时，还要踏踏实实地耕耘，虚心向师长学习，向前人学习，向身边的人学习，用人类全部的精神财富武装自己。因为，青之所以青于蓝，因其取

相关链接：儒有博学而不穷，笃行而不倦，幽居而不淫，上通而不困。——《礼记·儒行》

之于蓝；青之所以取得胜利，赢得“胜于蓝”的美名，离不开蓝的栽培和哺育，正如牛顿所说：“如果说我比别人看得更远些，那是因为我站在了巨人的肩上。”

相关链接：读书之乐何处寻？数点梅花天地心。——翁森：《四时读书乐》

相关链接：人而不学，虽无忧，如禽何学者，所以求为君子也。求而不得者，有矣夫，未有不求而得之者也。——《扬子法言·学行》

务学不如务求师

务[1]学[2]不如务求师[3]。

——《扬子法言·学行》

注
①务：努力。
②学：求学。
③师：老师。

释义

努力求学不如努力找位好老师。

这句话所揭示的是直接知识和间接知识的关系，尽管“要知道梨子的味道最好亲口尝一尝”，但我们所获得的知识中，有80%是通过学习间接得来的。可见，学习间接知识对我们一生成长中的作用有多大了。广义上讲，“亲口尝一尝”的实践也是一个学习过程，但实践往往带有一定的盲目性，所付出的代价也会很大。我们的先人已经通过他们自身的实践和提炼，形成了人类“知识宝库”，我们只要来点“拿来主义”就行了！

然而，这个宝库中的“财富”有其特殊性，并不像通常仓库里的日用品那样的好拿和好用，要“拿到”它们，更多的是要依靠别人的帮助。因此，虚心向他人学习就显得十分重要，只有在向他人学习的过程中，才能

更好地使自己成熟起来，从一个成功走向另一个成功。扬雄讲的“务学不如务求师”，从一个侧面指出了老师在我们从一个婴儿到自立于社会过程中的作用是无可替代的。《荀子·大略》中说得更加直观：“国将兴，必贵师而重傅……国将衰，必贱师而轻傅”把“学贵得师”提到了国家兴衰的高度。

其实，这里“师”的概念应作扩张性解释。清大学士李惺的“师以质疑，友以析疑。师友者，学问之资也”和《荀子·大略》的“师者，犹行路之有导也；友者，犹涉险之有助也”无不在说明“学贵得师”的同时，还必须明白“尺有所短，寸有所长”，朋友、同学、同事，只要他们有一技之长，我们都可以拜他们为师。父母就更不用说了，他们是我们人生的第一任老师。正所谓“三人行，必有我师焉。择其善者而从之，其不善者而改之”。

国学大师季羡林，在佛典语言、中印文化关系史、佛教史、印度史、印度文学和比较文学等领域，创获良多、著作等身，成为享誉海内外的东方学大师。世人称“有季羡林这样一位学术大师，实为中国东方学之福祉”。然而，在他成为学术大师的漫漫长路上，明显的有一条师友助其事业成功的线索。爱国者鞠思敏、桐城派王崑玉、前清状元王寿彭、“真正念书”的祁蕴璞和尤桐等、浪漫的革命者胡也频、一生坎坷的董每戡都是他的恩师。恩师王崑玉在给季羡林上第一次作文课时，布置的作文题是《读〈徐文长传〉书后》，他给季羡林写的批语是“亦简劲，亦畅达”，使他得到了莫大的激励，从此学习成绩便好起来，四个学期连续得了第一名，因此还得到了作为书法大家，同时兼任山东省教育厅厅长的山东大学校长王寿鹏给他写的一幅扇子面和一副对联。从此他的上进心更强了，到高中毕业时，同时考上了北京大学和清华大学，后来则成为著名的大学者。季羡林说：“我之所以五六十年来舞笔弄墨不辍，至今将近耄耋之年，仍然不能放下笔，全出于老师之赐，我毕生难忘。”

在季羡林看来，老师的一颦一笑，一词一语，无不蕴含着无量温馨，是无尽之财富。季羡林自己说过：“在中国，我的老师陈寅恪先生和汤用彤先生都是考据名手。在德国，我的老师 Prof. Sieg 和 Prof. Waldschmidt 都是考证巨匠。因此，如果把话说得夸大一点的话，我承受了中德两方面的衣钵。即使我再狂妄，我也不敢说，这衣钵我承受得很好。在我眼

相关链接：和而不唱，是不教也。智而不教，功适息。——《墨子·经说下》

中，以上这几位大师依然是高山仰止，景行行止。我一生小心翼翼地跟在他们后面行走。”正是由于所有这些恩师的培养和影响，才造就了季羡林，成就了一代学术大师。在季羡林的成才之路上，老师的作用大矣。可以想象，如果没有这些恩师，就很难有被称为“国学大师”的季羡林了。

相关链接：春读书，兴味长，磨其砚，笔花香。——翁森：《四时读书乐》

相关链接：夫尺有所短，寸有所长，物有所不足。智有所不明，数有所不逮，神有所不通。——屈原：《卜居》

三人行，必有我师

子曰："三[1]人行，必有我师焉[2]。择其善者而从之，其不善者而改之。"

——《论语·述而》

注 ①三："多"的意思。
②焉：于此，在这里。

释义

孔子说："三个人同行，其中必定有我的老师。我选择他善的方面向他学习，看到他不善的方面就对照自己改正自己的缺点。"

孔子这句古老格言所表达的是一种虚心好学、自觉修养的精神。它包含了两个方面：一是能者为师，择其善者而从之，见人之善就学，是虚心好学的精神；二是见其不善者而改之，见人之不善就引以为戒，反省自己，是自觉修养的精神。这种精神给我们的直接启示是无论与我们相处的人善与不善，都可以为师，都值得我们学习或鉴戒。

据史料记载，孔子非常谦虚好学。按《论语》《史记》《左传》等文献的记述，孔子明确拜学过的人有郯子、蘧伯玉、师襄子、老子、苌弘等，学习的内容涉及礼、史、官制、琴术等等。正是这种虚心好学的精神，是孔子日后成为一个大学问家、大教育家的重要原因。

“三人行，必有我师焉。择其善者而从之，其不善者而改之”也体现了一种自觉修养精神。《论语》中有一段记载：一次卫国公孙朝问子贡：“孔子的学问是从哪里学的？”子贡回答说：“古代圣人讲的道，就留在人们中间，贤人认识了它的大处，不贤的人认识它的小处；他们身上都有古代圣人之道。”善学者学无常师，然时时处处有师，善者正面为师，不善者反面为师，择不善而去之，择其善而从之。这也是朱熹讲的好学者“无一事不学，无一时不学，无一处不学”。

相关链接：学，然后知不足。——《礼记》

自觉修养也是与人相处的一个重要原则，随时注意学习他人的长处，随时以他人缺点引以为戒，自然就会多看他人的长处，与人为善，待人宽而责己严。这种自觉修养是提高自己的最好途径，也是促进人际关系和谐的重要条件。在现代竞争社会的人际关系中，得此道者也利于成功。因为每一个人都有长处和短处，善于以能者为师，善于取长补短，这也是现代社会的一大生存技巧。每个人的长处短处客观存在，有的人看别人的长处多，有的人看别人的短处多。两种不同的看法，会产生很大的差别。感悟孔子的这一人生体验，对于处理个人与家庭之间、朋友之间、上下级之间、青年人与老年人之间的关系可做成功的借鉴。

虽然“三人行，必有我师焉”这句格言可以说是家喻户晓，可是做起来却不是十分容易的。人们常犯的一个通病就是往往看自己的优点和他人的缺点多，看自己的缺点和他人的优点少。而能真正达到“择其善者而从之，其不善者而改之”境界的人就更少了。所以，重温孔子的这句劝学格言，认真领会其深刻内涵，并且努力身体力行，还是很有现实意义的。

子以四教：文、行、忠、信

子以四教：文[1]、行[2]、忠[3]、信[4]。

——《论语·述而》

注

①文：文献、古籍等，泛指文化知识。
②行：社会实践。
③忠：尽己之谓忠，对人尽心竭力，即忠诚品德的意思。
④信：以实之谓信，诚实、信用的意思。

释义

孔子以文、行、忠、信四项内容教授学生。

孔子以文、行、忠、信四项内容教授学生，当然，这仅是他教学内容的一部分而已。孔子注重历代古籍、文献资料的学习，但认为仅有书本知识还不够，还要重视社会实践活动，所以，又经常带领他的学生周游列国，一方面向各国统治者进行游说，一方面让学生在实践中增长知识和才干。在孔子看来，有了书本知识和实践活动仍不够，还要养成忠、信的德行，即对待别人的忠心和与人交际的信实。概括起来讲，就是书本知识、社会实践和道德诚信三个方面。

在孔子的整个道德体系中，虽"仁"是其核心思想，然其立足点却是"信"，所谓"人无信则不立"。对于"言之不出，耻躬之不逮"的重"信"作风，孔子每每赞叹不已。名师出高徒，其学生曾参就特别重视"信"。他

说："吾日三省吾身，为人谋而不忠乎？与朋友交而不信乎？"有一天，曾参的妻子要去赶集，儿子哭闹着要同去。妻子就对儿子说："你在家好好听话，等妈妈回来，杀猪给你吃。"儿子信以为真，不闹了。曾参回家后，儿子把妈妈要杀猪的事告诉了他。曾参沉吟片刻，就和儿子一起去把猪绑了起来，准备宰杀。妻子回来了，连忙制止："别杀猪，我是跟孩子说着玩儿的。"曾参严肃地说："对小孩子是不能随便开玩笑的，孩子年幼无知，父母教什

相关链接：盛年不重来，一日难再晨，及时当勉励，岁月不待人。——陶渊明：《杂诗》

么，孩子就学什么。你要骗他，他就会去骗别人，这怎能教育孩子向善呢?”最后还是把猪杀了。可见曾参在“信”的问题上不容丝毫苟且，他以此教育儿子，其实也是自己修身以实现人格自我完善的过程。

所以，在人际交往中必须坚持诚信为上。如果人与人之间没有诚信，社会秩序将变得混乱，整个社会将陷入互相猜忌、人人自危的境地；没有诚信这一人际交往的精神纽带，社会关系将趋于萎缩，人将面临退化。这也正如傅玄所说：“君不以信御臣，臣不以信以奉君；父不以信教子，子不以信以事父；夫不以信以遇妇，妇不以信以承夫，则君臣相疑于朝，父子相疑于家，夫妇相疑于室。大小混然而怀奸谋，上下纷然而竟相欺，人伦于是亡矣。”其中尽管不乏封建糟粕，但道理却是显而易见的，这就是欲成就一番事业者，一定要做一个诚信的人。因为，有了诚信的态度，才能不欺人不自欺，最终发现真理。而且，诚信能够使人得到真正的朋友和帮助，为事业的成功创造有利的条件。自古以来，未有诚信不立而有大功者。

相关链接：欲得真学问，须下苦工夫。——谚语

相关链接：今子为义，我亦为义，岂独我义也哉？子不学则人将笑子，故劝子于学。——《墨子·公孟》

圣人施教，各因其材

圣人施教，各因其材。小以成小，大以成大，无弃[1]人也。

——朱熹：《孟子集注》

注 ①弃：遗弃。

释义

圣人施行教育，必须依据各人的情况有针对性地进行，能力差的就培养成低一级的人才，能力强的就培养成高一级的人才，所以说不会有不堪造就而要遗弃的人。

“因材施教”是孔子倡导的一条重要教学原则，不过据考证，“因材施教”这个名词并不是孔子首创，而是宋代学者朱熹首先提出来的。他在《论语集注》中说：“弟子因孔子之言，记此十人，而并目其所长，分为四科。孔子教人，各因其材，于此可见。”不过，“因材施教”虽不是孔子的原话，但说它是对孔子教学实践的准确概括倒很合适。

子路和冉有都是孔子的在政治方面很有成就的学生，子路个性非常刚健进取、直爽，做事泼辣，不考虑后果。而冉有就比较内向，遇事有点畏缩不前。有一次子路问孔子：“听到该做的事是否立刻就做？”孔子说：“不行，有父亲，有哥哥在，不能立刻做，该听听他们的意见。”后来冉有也问："老师，听到该做的事是不是立刻就做？"孔子说："立刻就做！"而学生公西华站在一旁听后就犯糊涂了，他问孔子："两位同学问老师的是同样的问题，可老师的答案正好相反，这是怎么回事呢？"孔子说："子路个性太强就要让他缓一下，至于那个冉有太懦弱了，故进之，就要推他走快一点。"这个故事很有趣，一直为人们津津乐道，公认它是因材施教的范例。

无论是政府的办学宗旨还是教学的施教原则，都要通过教育者来实现，对不同的受教者施以不同的教育，这是孔子因材施教教学思想的精髓，也是这一思想得以落实的保障，它既应成为我们实施素质教育的特质，也应该是培养学生才能的有效捷径。因为，同样的问题，不同的人的理解各不相同，即便是同一个人，不同时期对同一个问题的理解也不可能完全相同。每个人

相关链接：教人学而执有命，是犹命人葆而去其冠也。——《墨子·公孟》

的“长”“短”不一，如果顺着这个“长”发展下去，其能力就会得到很好的展示，而让他在自己所“短”的方向上作出成绩，实在有点为难他了，这倒又应了一句“三百六十行，行行出状元”的俗语。所以我们在施教时要充分考虑到这一因素，切忌千篇一律。试想，如果孔子把“因材施教”这一基本原则抛在一边，对子路和冉有这两个人采用一样的教育模式，或者把他们互换一下，还会收到如此好的效果吗？

可以肯定地说，因材施教是一种已被教育的发展所证明的近乎真理的教学方法，更准确地说是一种近乎完美的教学理念。正因为孔子采取了这丰富多彩的务实做法，才使其弟子群星灿烂，光耀千古，而孔子，也由此理所当然地成了我们的祖师爷。因此，对孔子教学思想进行扬弃，既是我们这些后学者的义务，又是历史赋予我们的使命，我们理应勇敢地承担起这个重任，使其在新的历史条件下发扬光大，从而更好地为我们的社会造就出更为杰出的建设者。

相关链接：少小多才学，平生志气高。别人怀宝剑，我有笔如刀。——汪洙：《神童诗》

相关链接：吾生也有涯，而知也无涯。——《庄子·养生主》

有师法者，人之大宝也

有师[1]法[2]者，人之大宝也；无师法者，人之大殃也。

——《荀子·效儒》

注 ①师：师长。
②法：法度。

释义

有师长有法度，是人的最大财富；没有师长没有法度，是人的最大的祸殃。

荀子把“师”摆到了与“君（王）”同等重要的位置：“天地者，生之本也；先祖者，类之本也；君师者，治之本也。无天地恶生？无先祖恶出？无君师恶治？”教师是人类获取真知的源泉，在荀子看来，师和法是人们去除恶习、收束本性、不为世俗所染的重要保证，因为老师所教的，多是精粹精选的东西。只有不断地向师、法学习，增长知识，才能成为圣人；反之，放纵本性，不向师、法学习者，就是小人，必遭危辱。

不论什么人，首先是要学习，然而学习就要有老师的指导和一定的方法；否则，就极有可能把聪明用在歪门邪道上，成为荀子所说的盗贼。在荀子看来虽然自学也可以成才，不过，这就要看你是学什么了，如果是学

知识，尤其是学点技能性的知识，尽管往往事倍功半，但现实生活中倒也不乏自学成才的例子。但是学做人，学适应社会，学管理社会或一个组织，却必须要有老师和法度。因为，这是一个系统工程，涉及方方面面的知识，远不是学“一技之长”那么单纯！所以，向成功者学习，无疑加快了我们到达成功彼岸的步伐。

从另一个角度讲，荀子似乎更强调“师”之“言传身教”。由于在学生眼里，“师”具有相当的权威性，因此，其一言一行对学生的道德品质的形成和发展起着潜移默化的引路人的作用。国际数学大师陈省身先生在天津市举行的 2004 年数学年会上，深情地说：“老师的言传身教，

相关链接：少而不学，长无能也。——《荀子·法行》

让我终身受用。”半个世纪过去了，他对早年留学法国时的恩师 E.嘉当的感激与追慕之情依然溢于言表。陈大师说，嘉当老师一生潜心于教学和研究，淡泊名利，自己就是在老师的濡染下，才能在微分几何领域不懈地进行突破和创新的。受老师的影响，陈大师在 90 岁高龄时仍坚持亲自为本科生上课，真正把自己的智慧和爱心奉献给学生，成为学生成长的良师益友。

“传道、授业、解惑”是教师的职责，其中以正道教育学生做人尤其重要。教育的方法很多，而“言传身教”是古今所推崇的最行之有效的方法之一。在言传身教中，身教又重于言教，是无声的命令，古代教育家孔子说过：“其身正，无令则行；其身不正，虽令不行。”因此，无论何时何地，我们都要严格要求自己，注意自己的仪表、教态。穿戴要干净整齐，面容要整洁，精神要饱满，举止要大方，语言要文明，品行要端庄。凡是要求别人做到的地方，自己必须先做到。这不仅仅是“师”之标准，也是“学”之要求，因为我们在向别人学习的同时也在影响着别人，此所谓既当学生又当老师，此乃“三人行，必有我师”中应有之义。

相关链接：少年易老学难成，一寸光阴不可轻。——朱熹：《劝学诗》

习学

“明日复明日，明日何其多，我生待明日，万事成蹉跎。世人若被明日累，春去秋来老将至。朝看水东流，暮看日西坠。百年明日能几何，请君听我明日歌。”《明日歌》早就唱出了“积财千万，不如薄伎在身”的道理。

相关链接：往者不可及，来者不可待。——《吕氏春秋》

积财千万，不如薄伎在身

积财千万，不如薄伎[1]在身。伎之易习而可贵者，无过读书。

——颜之推：《颜氏家训》

注 ①伎：技艺。

释义

积累千万财富，比不上有一门小小的技艺在身。技艺中容易学习而又宝贵的，没有哪个比得上读书的了。

颜之推是南北朝混乱年代里的一个传奇人物，他博识有才辩，处事勤敏，应对贤明，在南北朝胡汉各政权之下，先后都受宠任。在他年逾六十的一生中，曾经“三为亡国之人”，行踪遍及江南、河北、关中，最后死在南北统一之后的隋开皇年间。这句话是他在颠沛流离的生活中得出的宝贵人生经验，是一个经历半世沧桑、世事通达的老人之谆谆教诲，意义非凡。不可否认，从一定意义上来说，在颜之推看来，读书之所以重要，多少有点儿“万般皆下品，唯有读书高”的不健康思想。但他作为封建时代的文学家和政治家，能够清醒地意识到读书学习的重要性，告诫人们与其积攒财富不如多多读书，掌握一门技艺来安身立命，已经算是难能可贵了。

八仙过海中的吕洞宾云游途中碰到的一件事十分有趣。一位少年坐在地上流泪，吕洞宾就问他何事如此伤心？少年说：“我母亲卧病在床，需要钱去请大夫，但我家很穷，没有钱。我想要去打工赚钱，却又担心没有人照料母亲。如不去打工，母亲的病又不能再拖下去了。故而两下为难，心里悲伤。”吕洞宾听了，心里很感动：“这是一位孝子啊，我要帮助他。”于是，吕洞宾就伸出一根手指，点了点路旁的一块石头，把它变成了一大块黄金，送给少年。谁知道，少年竟然摇头表示不要。吕洞宾以为少年嫌少，又指着一块大一点的石头一点，可少年还是不要。少年的举动使这位神仙大人着实吃惊不小，心想：看不出来，这位小兄弟还是一位不贪图黄金的君子呢。于是，亲切地问少年：“为什么不要这块黄金啊？它可以让你母亲的病治好，还可以让你们过上几年的舒服日子呢。”少年说：“你给我的黄金，终有用完的时候。我想要你的这根金手指。以后，我想要用钱的时候，随手一指，黄金不就来了？”吕洞宾听了，顿时大跌眼镜，对人性的贪婪轻叹了一声，乘云飘然远去。

乍听起来，我们也许会和吕大仙有同感，觉得故事中的少年，真是既贪婪又愚蠢，正是他的这种贪婪和愚蠢最终让他一无所得。但细细品来，感觉却全然不同了，反而感到少年既聪明又有远见。因为，他所追求的不是短暂的富裕，而是持续、稳定的“发展”；他所追求的不是财富的表现形式，而是致富的“本领”……就这一点来说，他又何错之有？相比于千万年来，跪倒匍匐在一切神明的脚下，祈求神明保佑家宅平安、升官发财、子女成就、长生不老的衮衮诸公而言，相对于那些不断向命运乞讨，而从未想过自己也可以学一技之长自给自足的人而言，相对于那些总是觉得贫乏，却从未去寻思贫乏之原因的人而言，他要有胆魄得多了。如果吕大仙修行深些、再深些，能一直活到今天的话，他再碰到这样的少年该不会再“飘然远去”了吧？因为时代在前进，观念在更新，他这个普度众生的神仙也该换换脑筋了——作为学者，“积财千万，不如薄伎在身”；而作为教者，则“授人以鱼，不如授人以渔”。该他感叹的不应是人性的贪婪，而是“当惊世界殊”了！

相关链接：不学之与学也，犹喑、聋之比于人也。——《淮南子》

生活是如此，难道我们的学习不也一样吗？重要的不是追求一个结果，更不能为了有一个正确的答案而不惜抄袭他人的东西，问题的关键在于要掌握获取成功的方法，这才是正道。俗话说：“只要找对路，就不怕路远；只要走对路，路就不会远!”如果希求有限的满足，就不会享用到无限的快乐，只有努力用人类社会创造的一切知识来丰富自己，才能不断提高自己安身立命的功夫。

相关链接：少年辛苦终身事，莫向光阴惰寸功。——杜荀鹤：《闲居书事》

运而有光者，饰也；近而逾明者，学也

夫运①而有光者，饰②也；近而逾③明者，学也。

——戴德：《大戴礼记·劝学》

注

①运：远。
②饰：装饰，修饰。
③逾：通“愈”，更加。

释义

远看有光泽的东西，靠的是外在的装饰；近看而更显得明亮通透的人，靠的是内在的学养。

孔子重礼，有言：“见人不可以不饰”，这是对人的尊重。而“运而有光者，饰也；近而逾明者，学也”是孔子思想的升华，它所包含的内涵已经大大超越了礼仪的范畴，是对学者综合涵养的高标准、严要求。

一个人的充实，主要靠的是内在精神、思想、品质和学问的提高，俗语道：“腹有诗书气自华”，一个读书多的人，浑身流溢着书卷味，即使素面朝天，衣着平平，也会在举手投足间流露出最优雅的气质和修养。他们

相关链接：以弋猎博弈之日诵诗读书，闻识必博矣。——刘安：《淮南子·泰族训》

可能貌不惊人，但是不管走到哪里都会是一道靓丽的风景线，这便是好学者魅力所在。

很多人特别喜欢苏轼的豪放词，殊不知写出如此洒脱飘逸文字的苏轼，却不是人们想象中的那种儒雅而帅气的书生，他的长相甚至称得上怪异。记得以前初中课文中有一篇魏学伊的《核舟记》，其中有一句“中峨冠而多髯者为东坡”。“髯”指两颊上的胡子，时人戏称“苏胡子”。苏小妹曾赋诗挖苦他：“去年一滴相思泪，至今未流到腮边。”意思是说苏东坡去年流了一滴相思之泪，到今年还未流到腮边，可

相关链接：诸有智者皆学焉。——刘安：《淮南子·泰族训》

见其“旅程”之漫长了。这是在戏说苏轼长了一副又长又丑的马脸。然而，尽管苏轼的长相如此平庸，但是在他凭借“第一才子”的桂冠游走于中国大地的时候，一点也没有妨碍无数花贵如兰的女子为之倾倒，用今天的话讲就是“粉丝如云”！出于崇拜，不少父母为孩子取名时都要想方设法嵌进一个“轼”字，以期孩子长大了有学问。可见，苏轼是一个名副其实的“近而逾明”的人。

“好学近乎知”（《礼记·中庸》），意思是“爱好学习的人就接近于智了”。“智、仁、勇”都是我国古代大教育家孔子十分推崇的品质，他把与学习有密切关系的“智”放在首位，是“智、仁、勇”的开端，就足以说明好学是一种难能可贵的品质了。历朝历代，淹没在历史的流波里的好学者们，他们的魅力与光辉不仅没有随着时光的流逝而褪色，反而随着年代的久远，形象愈加明亮通透，令人肃然起敬。他们的故事激励着一代又一代有志青年，燃烧起青春的激情，向着知识高歌猛进，勇往直前。我们民族整体素质的提高、精神气质的涵养一点也离不开青年一代的学习。青年是民族的希望和未来，读书和学习是我们获取真知灼见、培养独立思考能力和想象力、创造力以及修身养性的最有效途径。唯有青少年学养的不断累积，才能汇聚起中国要成为世界一流强国所必需的创新能力和发展活力。倘若青少年只重视外在的装饰，把主要精力用在打扮上，甚至为了让人“高看一截”而纷纷去医院做“断骨增高”手术，岂不是抹杀掉了一个民族的希望?!

相关链接：窗间白发催愁境，烛底苍头劝读书。——汤显祖：《正觉寺示弟儒祖》

相关链接：海不辞水，故能成其大；山不辞土石，故能成其高；士不厌学，故能成其圣。——《管子·形势解》

人不学，不知道

玉不琢[①]，不成器[②]；人不学，不知道。

——《礼记》

注 ①琢：雕刻、打磨。
②器：精美的器物。

释义

玉不打磨雕刻，不会成为精美的器物；人若是不学习，就不懂得礼仪，不能成才。

我们每个人都是赤裸裸地来到这个世界上，都曾经历着同样的岁月。可是，当生命的旅程终止之时，每个人的收获却大不一样。有的人一辈子过着浑浑噩噩的日子，空手而来，却又空着手回到那遥远的地方；有些人则过着多彩多姿的日子，虽然空手而来，却能满载而归。同样的生命，为什么会有不同的结果？那是因为有的人能利用其生命中有限的日子，努力学习各种知识，充实了原本空无所有的形体，而有些则不是。

北宋王安石的《伤仲永》对于学习的重要性寓意深刻。平民方仲永，世代以种田为业，在他长到 5 岁时，尽管未曾见过书写工具，但写起诗来却是一挥而就，且诗以赡养父母、团结同宗族为内容，文采和道理都有不俗之处，众人交口称奇。其父认为有利可图，便每天带着仲永四处拜访乡人而不让他学习，没过多久，仲永也就“江郎才尽”了。正所谓：“人非生而知之者，须学而知之。”一个人无论天生的资质多么优秀，如果不能坚持不懈地学习，那么他必定会步仲永后尘，与草木同朽。

青春年少，正好读书，不可虚度，正所谓“三更灯火五更鸡，正是男儿读书时。黑发不知勤学早，白首方悔读书迟”。学习的过程是漫长的，也许是痛苦的，途中要矫正各种错误，甚至会遇到种种艰难险阻，要求我们一步一个脚印地向前走，如果没有坚强的信心及毅力，是不能到达成功彼岸的。同时，读书学习须得法。清代学者袁枚曾有警世之语：“读书如吃饭，善吃者长精神，不善吃者生痰瘤。”读书学习要循序渐进，功到自然成。朱熹《观书有感》：“昨夜江边春水生，蒙冲巨舰一毛轻。向来枉费

相关链接：食无求饱，居无求安，敏于事而慎于言，就有道而正焉，可谓好学也已。——《论语·学而》

推移力，此日中流自在行”，讲的正是读书的积累与贯通的关系，即今之“融会贯通”。蒙冲，也作艨艟，古代的一种战船。当大江接纳了万溪千流的春水，本来搁浅江中的“蒙冲巨舰”就像鸿毛一样，在一江春水中轻快自在地航行。这里，“江边春水”比喻长期的读书积累，“蒙冲巨舰一毛轻”指对问题的突然领悟，也就是贯通了。读书积累是以贯通为归宿，而贯通则以积累为基础。

学与不学的差距是十分明显的。在科学技术不发达的农业社会，一个人不读书学习，尚能凭自己的生活经验跟上社会生活的步伐，但是在现代社会里，没有一定的科学素养不必说创造社会财富，就连日常生活都有可能变得困难。过去，我们把不识字的人称为文盲，可如今联合国教科文组织对文盲标准又进行了重新定义，把文盲分成三类：第一类，不能读书识字的人，这是传统意义上的老文盲；第二类，不能识别现代社会符号的人；第三类，不能使用计算机进行学习、交流和管理的人。后两类被认为是功能型文盲，他们虽然受过教育，但在现代科技常识方面，却往往如“文盲”般贫乏，我们称之为“科盲”，把他们归到“文盲”之列实不为过。

人类知识的积累是一个推陈出新的过程，知识也有一个“保鲜期”的问题，过了“保鲜期”的知识可能一钱不值！而处在我们这个日新月异、知识爆炸的年代，不断地吸收新的知识的重要性更是显而易见！要使自己不成为科盲，唯一的办法就是学习，不断地更新知识，培养新技能；否则，在不识字的文盲将会越来越少的同时，现代科盲却会迅速增加！

相关链接：学之广在于不倦，不倦在于固志。——葛洪：《抱朴子》

知之为知之，不知为不知，是知也

子曰："由[1]，诲女[2]，知之乎？知之为知之，不知为不知，是知也。"

——《论语·为政》

注 ①由：姓仲名由，字子路，长期追随孔子。
②女：同"汝"，你。

释义

孔子说："由，我教你的那些你明白了吗？知道的就是知道，不知道就是不知道，这才是真知啊！"

孔子一生好学，被后人称为"圣人"。其实，孔子更是一个诚实、谦虚的人，"知之为知之，不知为不知"是他的座右铭。在他看来，人的知识再丰富，总有不懂的问题，应当有实事求是的态度，只有这样，才能学到更多的知识。

传说的"孔望山"，其由来值得一提。有一天孔子和弟子们看海时口渴了，正巧一个小渔民挑着一桶水从半山腰路过，孔子便走上前去讨水喝。喝过水后孔子说："这海水真好喝啊！甘甜清凉。"小渔民听后忍俊不禁：

相关链接：多闻，择其善者而从之，多见而识之，知之次也。——《论语·述而》

“海水又咸又苦，怎么能喝呢？还甘甜呢，真是书呆子一个！”弟子们听后非常生气：“你这黄毛小子，不知天高地厚，竟然如此无礼，你知道这位是谁吗？他可是大名鼎鼎的孔夫子。”“孔夫子怎么啦？孔夫子也不见得样样都懂啊。刚才我递给他的可是清水，海水能解渴吗？再说，他会种地、盖房、打鱼吗？”孔子听了很是惭愧：“我们应该知错就改，千万不能不懂装懂啊！”弟子们听后纷纷点头。后人称这座山为“孔望山”。

人非圣贤，不可能生而知之。大智大慧的孔子尚且“有所不知”，那么，中智以下的我们当然不可能样样都懂。有所不知很正常，不是件有失风度的事，人们从来不会因为某人承认不知而小看他，反而会觉得这人诚实谦逊，由此高看也说不定；反过来，不知强作知，给人的感觉则是油滑取巧、终究难成大器。诺贝尔物理学奖得主、美籍华人丁肇中在南航为师生作学术报告时，面对同学提问的“您觉得人类在太空能找到暗物质和反物质吗？您觉得您从事的科学实验有什么经济价值吗？您能不能谈谈物理学未来 20 年的发展方向？”三个问题答了三个“不知道”，让同学们十分意外，但不久就赢得全场热烈的掌声。其实，丁教授大可不必说“不知道”，比如用一些专业性很强的术语“忽悠忽悠”，甚至委婉地说：“这些问题对于你们来说太深奥，一两句话解释不清楚。”但是，他却选择了最老实、最坦诚的回答方式，这不但无损于他的科学家形象，更凸现了他严谨的治学态度，令人肃然起敬。可见，承认有所知、有所不知，是一种最老实的态度，也是最聪明的态度，唯知其“有所不知”，才能成其“有所知”。

学习是老老实实的事。有疑就问，有意识地去问，有胆量地去问，对不知道的东西，就不要充当“先知先觉”，承认自己有不懂的地方，本身就是认识上的一种进步。人类的演进史，本来就是人们对周围事物由“不知”到“知”的逐步完善的认识过程，既要靠“有知”来发现，更需要有着“无知感”的有志者去开拓。然而，在我们身边，不懂装懂，自以为是，因羞于脸面而不敢去问的人却不在少数，这种心理和思想大大阻碍了我们的发展，抵消了我们的“无知感”，麻痹了我们的“求知欲”。“不知”硬装作“知”，这才是最可怕的无知。

再进一步讲，“知道的就说知道，不知道的就说不知道”顶多只能

相关链接：古之学者为己，今之学者为人。——《论语·宪问》

说明学习态度还算不错，却不能说是真正的“知”！我们显然不能因为一个无知者的一句“不知道”口头禅，就说他是真正的“知”！生活中希望凭借一句轻描淡写的“我不知道”来逃避责任的人还少吗？当然，若比起那些做错了事还死不认账的人来说，一句简单的“不知道”显然是可爱多了。只有“知道自己知道什么”，并且“还知道自己不知道什么”，然后默默去学习“不知”之处，变“不知”为“知”，才能少犯错误，才能称得上真正的“知”。

相关链接：古人学问无遗力，少壮工夫老始成。——陆游：《冬夜读书示子聿》

相关链接：孟子谓高子曰：『山径之蹊，间介然用之而成路；为间不用，则茅塞之矣。今茅塞子之心矣。』——《孟子·尽心下》

不知而自以为知，百祸之宗也

不知而自以为知，百祸①之宗②也。

——《吕氏春秋》

注 ①百祸：各种祸患。
②宗：根源。

释义

不知道却自以为知道，这是各种祸患的根源。

《吕氏春秋》是总结了上古帝王得天下和失天下的经验教训的文章。吕不韦认为，帝王只有“不知则问，不能则学”，才能保证国家长治久安。其实，帝王如此，常人又何尝不是如此呢？若能清楚明晰地正视自我、剖析自我，准确无误地掂量胸中之墨，实事求是地承认自己对该事物认识多少、了解多少，本身就是一种学问。这不仅是做人的学问，亦是做学问的态度。

有一个“从三到万”的故事讲的就是“不知而自以为知”。一位富人的儿子才念了几天的书，大字刚认识几个便自满起来，还自以为腹中饱含墨水。一日父亲写请帖，儿子主动承担下了任务。然而大半天过去了，儿子却连一张请帖也未写完！父亲纳闷，过去一看，帖子上写得满满的全是“一”字横划，而儿子尚在奋笔疾书！问其缘由，真是令人哭笑不得。原来该帖的邀请对象姓“万”，但儿子不会写这个字，于是转念一想：“一”乃一横，“二”乃二横，“三”乃三横，以此类推，“万”字自然就得写一万横了！他非但没觉得是自己出错，而且还在抱怨怎么会有人姓“万”这个笔画如此繁多的姓！“不知而自以为知”的人们常常干了蠢事还认为自己聪明，实在是贻笑大方！

“不知而自以为知”，比真正的无知更糟糕。无知好比一块空地，只要辛勤劳作，总可以耕耘和播种；但“以不知为知”则好比一片长满了杂草的荒地，即使一眼望去似乎已经把杂草拔尽了，然而一旦春风拂过它还是会“吹又生”的。可见虚假的“知”乃做学问之大忌。孔圣人也曾经对学生子由说过：“知之为知之，不知为不知，是知也。”知道的就是知道，不知道的就是不知道，这才是求学的真知。不懂装懂，或自以为懂而闭目塞听，不管是对于求学还是对于为人处世来说，都是不可取的，终究会招致祸患。所以，想要办成任何一件事，达到任何一个目标，不会就要学，不懂就要问，甚至是不耻下问、刨根究底也不为过，这样才能使事物的缘由及真相浮出水面，我们也才会头脑清晰，作出正确的判断。

“知是行之始”，人们却往往“不知而自以为知而为之”，不管是不懂装懂，还是弄错了方向却固执己见，都是相当危险的。周厉王暴政，不允许国人谤谏，甚至派人监视百姓以防民之口，闭目塞听，还自以为知晓天下、决策英明，致使道路以目，群起怨怒，终被流放他乡。汉武帝对汉匈形势尚未分析透彻，就自以为时机成熟，策划了马邑之谋，终以失败告终。今天的某些学生求学也是这样，囫囵吞枣，以为上完课就万事大吉了，至于是否真正地理解了知识，还有没有疑问都不关心。做学问却不学也不问，还自以为知，以至于毫无长进。

人生在世，总会遭遇一些难关，若能坚定信念，想要战胜它们原本并不困难。怕只怕自己蒙蔽了自己的心扉，不知而自以为知，看不清事物本质而迷失方向，就像童话中的狮子，把自己的水中倒影当成了敌人，终不免溺水而亡。无知的人伪装得再好也是绣花枕头稻草芯，一不小心还会招来祸患，倒不如索性坦诚面对，不欺人更不欺己，知即是知，不知即是不

相关链接：羿之教人射，必志于彀；学者亦必志于彀。大匠诲人必以规矩，学者亦必以规矩。——《孟子·告子上》

知。只有想方设法多学常问，努力去把不懂的问题搞懂，真正做到“不知则问，不能则学”，先有知而后有识，那样才可以变“百祸之宗”为“百福之宗”！

相关链接：读书不觉已春深，一寸光阴一寸金。——王贞白：《白鹿洞二首》

相关链接：人才有高下，知物由学。学之乃知，不问不识。——《论衡·实知》

知之者不如好之者，好之者不如乐之者

子曰："知之者不如好之者，好之者不如乐①之者。"

——《论语·雍也》

注 ①乐：以……为乐趣。

释义

孔子说："懂得它的人，不如爱好它的人；爱好它的人，又不如以它为乐的人。"

这句话主要讲学习的三个层次，以知之者突出好之者，再紧接好之者突出乐之者。其中"知之"属于学习的最低境界，相当于"要我学"；而"乐之"则是学习的最高境界，相当于"我要学"。这为我们揭示了一个怎样才能取得好的学习效果的秘密——那就是热爱学习。不同的人在同样的环境下学习效果不一样，虽说自身的素质固然是一个原因，但更重要的恐怕还是其对学习的态度。"兴趣是最好的老师"，当你对一门科目产生了兴趣之后，自然会学得更好。

早在春秋时代，"文、行、忠、信"这四大科目的人文学科便已基本

形成，孔子主要是通过与学生们轻松愉快的对话来实施这些人文科目的教育的，但从《论语》看，他主要是通过诗、礼、乐来实施的，即先教诗，再教礼，最后教乐，用孔子的话说，就是“兴于诗，立于礼，成于乐”。意思是说，用“诗”去激发学生的兴趣，用“礼”来作为学生行为的立脚点，用“乐”来完成学生的自我修养。由此，我们至少可以得出一个结论：孔子的人文教育讲究的是首先得激发起学生的学习兴趣。

陶行知先生在武汉大学演讲时，曾做过这样一个实验：他在桌子上撒了一把米，拿出一只鸡，把鸡头按入米中，于是，鸡拼命挣扎；接着他掰开鸡嘴，把米塞进去，鸡过不了一会儿又把米吐了出来；最后他把鸡放在桌子上后就走开了，不一会儿，鸡反而自已吃起米来了，而且还吃得不亦乐乎。教育也和喂鸡一样，老师强迫学生去学习，把知识硬灌给学生，学生是不情愿学的，即使学也是食而不化，过不了多久，就会把知识全部还给老师的。但是，如果让学生自由地学习，充分发挥其主观能动性，那效果就不同了。这充分说明兴趣是前提，只有具备了兴趣，才会在学习和探究中始终保持高昂的热情和内趋力，完成由学习的最低境界向最高境界的转化。

著名心理学家曾奇峰讲过一个十分有趣的故事。有一位老汉，正好住在一个堆满了废铁桶的广场边。一群小学生在每天上学、放学经过广场时都要对那些铁桶拳打脚踢几下，以此取乐。这可苦了老汉，因他有心脏病，受不了那些噪声。于是，他拦住那群学生说：“你们踢铁桶的声音我很喜欢听，我给你们每人每天一元钱，请你们继续踢下去。”小学生们很高兴，踢打铁桶更加卖力了。在他们踢的时候，老汉便找个地方躲了起来。一周后，老汉又拦住那群学生，说：“现在钱不多了，只能给你们每人每天五角钱。”学生们听了很不高兴，但还是去踢桶，心想有点钱总比没有强。又过了些时日，老汉又对学生说：“我现在经济状况更糟了，不能付给你们踢桶的钱了，但我还是希望你们每天都为我踢一阵子。”学生们愤怒地拒绝了，于是，老汉复得安宁。这老汉的确高明，他将小学生们踢桶的动机或者说支持性力量，不动声色地从获得乐趣变成了获得金钱。他虽然无法控制他们“获得乐趣”，但可以控制给多少钱，当小学生们为钱踢桶以后，只要他不给钱了，他们自然就不会再踢

相关链接：圣人之于天下，耻一物之不知。——《法言·君子》

桶了。

其实，每个人天生都具有很强的学习欲望，如果这些天然的动机能一直保持下去，那么，他迟早会成为一个优秀的人才。但遗憾的是，很多人天然的动机在不知不觉中被他们的老师或家长偷换掉了——从为了乐趣学习变成为了老师、家长甚至为了考试而学，变得“不肯再踢桶了”。试想，一个被母亲用棍子逼着在公园中玩耍的男童还会玩得开心吗？兴趣是学习永不衰竭的核动力，教师、家长和其他身负教育职责的人要做的头等大事，就是保护学生的学习兴趣，千万不要去伤害它，也不要试图用别的东西去替代它。

相关链接：世事洞明皆学问，人情练达即文章。——《红楼梦》

不积跬步，无以至千里

不积跬步[1]，无以至千里；不积小流，无以成江海。

——《荀子·劝学》

注 ①跬步：古时举足一次为跬，举足两次为步，故“跬”是古代的半步。

释义

不把半步半步累加起来，不能走千里远；不把小的水流聚积起来，也不可能有大江大海。

荀子无疑是个承前启后的儒学教育家、思想家，他的名言“不积跬步，无以至千里；不积小流，无以成江海”引申开来，就是做事要脚踏实地，一步一个脚印，不畏艰难，不怕曲折，坚忍不拔地做下去，才能最终达到目的。

《三都赋》是西晋时著名的辞赋大家左思用了整整十年时间写成的旷世名篇。十年间，无论是吃饭还是睡觉，他都在构思这篇赋的语言文字、思想内容和艺术境界，并且总是随身带着纸笔及时把自己突发的灵感或好的句子记录下来，目的只有一个，就是把《三都赋》写好。皇天不负苦心人，经过十年苦战，左思终于完成了他名扬天下、流芳百世的《三都赋》。由于《三都赋》语言优美、文笔流畅，从内容到形式都取得了很高的艺术成就，文章一经问世，即轰动了整个洛阳城。大家竞相传抄，但由于抄的人实在太多，加之文章较长、毛笔写字又十分费纸等原因，使得洛阳城的纸张顿时供不应求，纸价暴涨——“洛阳纸贵”这个成语由此得来。无独有偶，大文豪郭沫若写《屈原》虽然只费了十天工夫，表面上看是“得来在俄顷”，但这是他“积之在平日”的成果——酝酿积累长达二十五年！

因此，成功绝不是一蹴而就的，要想达到目标，使理想成为现实，积累是必不可少的。只有静下心来积蓄力量，才能够“绳锯木断，滴水穿石”，任何成功者，都曾付出了常人无法想象的艰辛。然而，有人往往忽视了这一点。汉末时有一个叫陈蕃的，少时懒惰散漫不屑于小事，别人让他打扫庭院，他却回答：“大丈夫当以扫除天下为怀，安事一室乎？”试想，“一室”尚且扫不了，何以扫天下？还好，在别人的教导下，他终于改正了自己的错误，成为不但可以“扫一室”，而且可以“理天下”的东汉一代名臣。这无疑是努力陶冶情操、注意积累而终成大事的绝好例证。

当然，我们也要正确看待积累与成功之间的辩证关系，并不是说有积累就一定会“修得正果”。生活本来有着更广阔的意义，重要的不在于我们实际得到什么，考试得了多少分，有没有考上名牌大学，有没有谋上个一官半职……而在于我们的人生过得是否充实，是否有意义，对于生活、理想是否像宗教徒对待宗教一样虔诚，并一步一个脚印去追求了。人们是从来不会以成败来论英雄的，比起屈膝投降者，项羽的乌江一刎，虽没有成就霸业，但又有谁不说他是“破釜沉舟、背水一战”的大英雄而肃然起敬呢？

作为年青一代，志当存高远，“古之立大事者，不惟有超世之才，亦必有坚忍不拔之志”（苏轼语）。我们不能在庸庸碌碌、无所事事中度过，不应该浪费青春年华，而应该在漫漫人生路中选择向着光明奋进的理想和树立高尚的价值观。有这样一句名言：“一个人追求的目标越高，他的才力发展得越快，对社会越有益。”崇高的理想才是我们跋山涉水的动力，才是一团照亮我们人生方向的熊熊火焰。作为学生，要抓紧在校学习的分分秒秒，把基本功打得扎扎实实，今后涉足职场才有敲门砖；踏向社会，要

相关链接：古人学问无遗力，少壮工夫老始成。——陆游：《冬夜读书示子聿》

避免眼高手低，准备好接受各项挑战以增强自身的能力，虚心学习完成工作的各项技巧，将挫折与失败当做价值无穷的经验，以积极进取的态度迎接每一个明天。要知道，天上是不会掉馅饼的——就算会，也绝不可能砸到你我的脑袋上！凡事都必须亲自去努力争取。在这个竞争无处不在的年代,只有付出百倍的努力，才有希望取得一分成功。虽然，努力不一定都有所希望的结果，但放弃却一定会失败。

相关链接：人而不学，其犹正墙面而立。——《尚书》

读书破万卷，下笔如有神

读书破[1]万卷，下笔如有神。

——杜甫：《奉赠韦左丞丈二十二韵》

注 ①破：突破、磨破、识破。

释义

读书超过了万卷，下笔写作时像有神仙帮助似的。

唐代诗人杜甫在他的《奉赠韦左丞丈二十二韵》一诗中，表达了自己徒有才华、壮志难酬的满腔愤激之情。其中的“读书破万卷，下笔如有神”两句，是诗人对才华的自我评价。其实，在诗中，心情郁闷的诗人并无心思来描述读书与写作之间到底有什么样的关系，可人们却固执地认为他的“下笔如有神”是得益于其“读书破万卷”，于是常用这两句诗来比喻多读书的好处，以警示后人。

后人对诗中“破”字有三种不同的解释：一是指“突破”，即博览群书。汉代著名思想家王充说：“人不博览者……犹目盲耳聋鼻痈者也。”他

本人一生读书近一万三千卷，所以才能写出《论衡》这样的巨著；二是指“磨破”，即熟读而致“书破”。孔子晚年读《周易》，竟使编联竹简的牛皮绳多次磨断，即所谓“韦编三绝”；三是“识破”，即精读而透彻理解书中之理。如果读书不注意识理，读得再多，到最后只能像郑板桥所说：“胸中无适主”。不论取“破”字的何种含义，“读书破万卷，下笔如有神”都道出了读书的重要性。

古人云：“凡操千曲而后晓声，观百剑而后识器。”真正高明的人，就是能够借助别人的智慧，使自己明辨是非，最终炼成触类旁通、一叶知秋的功夫。我们获得智慧，感悟人生，仅仅靠个人的经历和实践是远远不够的，必须借助前人已积累的经验。鲁迅先生说过：“必须如蜜蜂一样，采过许多花，这才能酿出蜜来。倘若叮在一处，所得就非常有限，枯燥了。”所以，博读能够拓宽我们的眼界，提升认清真理和谬误、分辨真善美和假恶丑的能力，在汲取前人智慧的基础上树立正确的世界观、人生观和价值观。

的确，读书是件好事，不过，还要看你读书的方法。古人的“纸上得来终觉浅，绝知此事要躬行”，用今天的话来讲就是“理论要联系实际”，要活学活用，把书读活；否则，“两耳不闻窗外事，一心只读圣贤书”，或者“按册子便在，掩了册子便忘”，不要说破“万卷”，就算破了“亿卷”，恐怕下笔也“难有神”。这样的人顶多只是充当了一个“两脚书橱”的角色，在满足自己虚荣心的同时上演了一曲现代“孔乙己”的闹剧而已，甚者，还会因“食而不化”而落得个疯疯癫癫的下场。《儒林外史》中的范进就是被“死读书”坑的，现实生活中难道就没有“范举人”的原型吗?

遗憾的是，在强调素质教育的今天，依然有不少人的眼睛总是死死地盯在“升学率”上，精力全都集中在高考题型上。不过也难怪，虽说如今成才的渠道多了，不至于“一考定终身”，但每年的6月初，那“千军万马狭路相逢”的场面，让你也不得不选择“重知识而轻能力、重分数而轻实用”之路。于是乎，学生永无休止地挣扎在题海战的泥潭中，这样一来，别说博览，就是偶尔瞥一眼课外书籍也很难，致使有的人连某些常识熟语都闻所未闻。如果“升学率”的问题不能从根本上得到解

相关链接：知人无务，不若愚而好学。——刘安：《淮南子·修务训》

决，老师的教法如何创新？学生思路何以开阔？想象的双翼何以振奋？综合素质何以提高？接班人的重担何以挑得？

“人不博览者，不闻古今，不见事类，不知然否，犹目盲、耳聋、鼻痈者也。”在全民学习、终身学习的学习型社会中，不仅要“读万卷书”，更要“行万里路”。只有饱尝“读万卷书、行万里路”之苦，才能品得“下笔如有神”之乐。

相关链接：学而不知道，与不学同；知而不能行，与不知同。——黄晞

相关链接：不闻大论，则志不宏；不听至言，则心不固。——《申鉴·杂言下》

学而时习之，不亦说乎

子曰："学而时习①之，不亦说②乎？"

——《论语·学而》

注 ①习：复习、演练。
②说：通"悦"。

释义

孔子说："学习以后经常复习，不也是很快乐吗？"

"学而时习之，不亦说乎"是《论语》开篇首章首句。把它理解为"学习以后经常复习，不也是很快乐吗？"只是一种通俗的理解——本文释义中也是采用了这种说法。然而，从孔子毕生奉行的事业，从其好学不厌的同时又诲人不倦来看，这种理解却又十分的肤浅。"学"的含义既指学习又含教学之意，而"习"不仅仅是"复习、温习"的问题，更有强调"在实践中运用和改进"层面上的含义——把刚刚学到的新知识，运用到实际生活中去，产生了好的效果后，那才是一件快乐的事情呢！好比一个小朋友在幼儿园刚学会了一支儿歌，回到家里唱给父母听后产生的发自内心的快乐一样。因此，把"学而时习之"理解为"理论与实践相结合"似乎更加贴近老夫子的初衷。

在孔子看来，学习是人生第一大乐事。因此，“学习快乐、快乐学习”这种教学模式不应是美国心理学家布卢姆首创，我们的老祖宗早就大彻大悟了。有意思的是，以色列前总理拉宾在获诺贝尔和平奖的演讲中这样说：“16 岁，是爱情之花首次绽放的年纪。16 岁，是开始探索数学王国奥秘的年纪。”要知道，首次绽放的爱情之花是人世间最美之花，既然“探索数学王国的奥秘”可与之相提并论，可见“学习”有多快乐了！

平心而论，学习主要的不是为快乐，而是为了生存、为了发展、为了传承。联合国教科文组织一篇著名的研究报告《学会生存》，就把学习与生存直接联系在一起了，足见学习对人类生存的重要性。因为，人的本能在许多方面实际上连麻雀都不如，但之所以能成为万物之灵，靠的就是非

相关链接：道成于学而藏于书，学进于振而废于穷。——《潜夫论·赞学》

凡的学习能力：学习是自身发展的需要。我们的今天是踩着竹片、布帛、白纸一步步走过来的，只有用人类社会创造的优秀文明成果武装自己的人，才能算得上是现代化新型人才：学习还是传承人类文明的需要。人类文明的延续和发展，就如同一场规模宏大而旷日持久的接力赛：前人通过实践获得的知识和技能，传给后人。后人又把它进一步丰富和提高，以适应时代与环境的变迁。如此世代传递，便形成了一部人类文明的发展史。

爱学习是件好事，然而，“学”还需“时习之”。理论和实践同是人类文明的两个翅膀，少了哪一个，人类文明都无法自由地飞翔。如果不把所学知识拿到实践中去检验、去提高、去创造财富，那么，学习何来之乐？到后来恐怕还是“为书所困”，不如不学。没有实践，理论只能是空谈，前有战国赵括纸上谈兵，后继三国马谡街亭失守，统统丢了卿卿性命，教训不可谓不深刻！

相关链接：人之为学，不可自小，又不可自大。——顾炎武

立身百行，以学为基

立身百行，以学为基[1]。

——《劝忍百箴》

注 ①基：基础。

释义

在安身立命的诸多本事中，学习是最为根本的。

许名奎是元代著名学者，他博学多才，注重修身养性。其一生的所作所为，可以用一个“忍”字概括，他把古代史籍中有关“忍”的格言、要训和历史典故搜集成册，共100条，名为《劝忍百箴》。“立身百行，以学为基”就是其中的一句，属修身养性之精品，用今天的话来讲，就是“学习是人生的第一需要”。

当然，学习是件辛苦的事情，苦在何处呢？在于勤，在于恒。不过，这些并不是我们辍学的理由。车胤苦不苦？他家贫缺灯油，只好以萤光照明；匡衡苦不苦？他是家里的主要劳动力，整天在地里干活，晚上才可以看书，可他也是“家贫缺灯油”，只好凿壁偷光……与我们相比，他们的学习条件要差十倍、百倍，但他们都能始终常怀“人将休吾不敢休，人将卧吾不敢卧”之心，“以学为基”，终成大器。倒是我们中的不少人，常常会以“工作太忙、应酬太多、家务太重”等一大筐理由来作为不学习的借口。对于他们，自己可以不学，孩子可以不教，甚至工作可以不干，但舞不可以不跳，麻将不可以不打，大山不可以不侃，上百集的电视剧不可以不看。

一个没有文化的民族是愚昧的民族，而一个愚昧的民族是不能自立于世界民族之林的。同样，一个没有知识的人，必将是一个肤浅的人。文凭代表过去，能力代表现在，学习代表未来。我们应该清楚地意识到，人与人之间的竞争归根到底是综合能力的竞争，而国与国之间的竞争最

相关链接：善学者，假人之长以补其短。——《吕氏春秋·孟夏纪·用众》

终是全民素质的较量。青年学生，作为祖国的未来和希望，肩负着实现中华民族伟大复兴的历史重任，眼下最重要的任务就是“以学为基”，提高自身素质。也正是这个时代，为我们施展聪明才智、实现报国之心提供了良好条件和广阔舞台，我们也只有刻苦学习，把自己的理想抱负融入刻苦钻研、攀登科学高峰之中，把个人奋斗融汇到振兴中华的伟大事业中去，才能彰显人生价值和意义。

马克思说：“在科学的道路上没有平坦的大道，只有不畏艰险沿着崎岖山路向上攀登的人，才能达到光辉的顶点。”此话虽有点老套，却是至理名言。首先，在学习态度上要突出一个“恒”字。要把学习当作一种精神追求、一种终身任务。古人云：“学贵有恒”，就是说学习要有毅力，贵在坚持。要增强学习的紧迫感和压力感，克服惰性，发挥潜能，端正态度，持之以恒，真正成为“学习型”社会中的一分子。其次，在学习内容上要突出一个“博”字。就是说不仅要加强政治理论的学习，也要注重学习经济、管理、科技知识，以及与之相适应的政策、法律、法规等等，努力做到博学强识、学有专长。再次，在学习方法上要突出一个“活”字。要学以致用，“纸上得来终觉浅，绝知此事要躬行”。“生而学、学而思、思而行”是密不可分、有机统一的。学习的最终目的就是要活学活用，融会贯通，在实践中学习，在学习中提高。

相关链接：好学近乎知，力行近乎仁，知耻近乎勇。——《中庸》

满招损，谦受益

满[1]招损[2]，谦受益。

——《尚书·大禹谟》

注 ①满：自满。
②损：损失。

释义

自满会招来损害，谦虚则会获得利益。这句话点明自满和谦虚的弊与利。自满使人沾沾自喜，裹足不前；谦虚才能让人不断进步，不断有所得。

“满招损，谦受益”是中国一句古语，来源极古，经历了近三千年的检验，今天被人们常常提及。

谦虚是我们中华民族的传统美德。谦虚，能使人虚怀若谷，极易吸纳他人之长、他人精彩；谦虚，能使人客观地与他人比较，正视自己的不足。知不足，方能填补自己的空白、启开盲点；谦虚，更能催人勤奋好学，博采众长，拓宽视野；谦虚，使人在求知上永远不会满足。清代大学问家戴震有一次与老师进京面圣时，老师因为紧张而不能回答皇上的问题，于是戴震就代替老师回答，他的口若悬河使皇上十分高兴，可是戴震却说：“我的水平远不及我老师，只是他年老耳背不便回答，可他的学问，超过我一万倍。”皇上认为他的谦虚精神十分可嘉，便赐他为翰林。在戴震身上，正应了“谦受益”那句话，且“受益大矣”！

如果一个人，不管是年轻的，还是中年的、老年的，觉得自己的学问已经够大了，没有必要再进行学习了，他就不会再有进步。像河伯那样以为“天下之美尽在己”，殊不知身处的环境十分有限，与井底之蛙有何不同？百岁老人、国学大师季羡林在他的散文集《我的人生感悟》中说：“谦虚，不但表示这个人有道德，也表示这个人是实事求是的。”季老说，康有为称自己“年届三十，天下学问即已学光”，仅此一端，足以证明康有为不懂什么叫学问。有人尊他为“国学大师”实属可笑，至多只能算是一个革新家。事实上，较之乾嘉甚至清末民初诸大师，包括他的弟子梁启超在内，康有为在学术上是没有多少建树的。

自满自居是成才的大敌。自满必自恃，而自恃则不会接纳他人的正确意见，会使人文过饰非。唐玄宗一开始能虚心听取别人的意见，才有“开元盛世”，那时的大唐简直是威仪天下。遗憾的是，后来出现了“安史之乱”，唐王朝自盛而衰，一蹶不振。“安史之乱”的原因很多，但主要问题恐怕还是唐太宗到了晚年在政治、经济方面取得成绩后便骄傲起来，整天过着纵情声色的生活之故。

所以，没有一个人能够有骄傲的资本，尤其在当今这样一个处在“知识爆炸”的时代，不要以为取得了一点小小的成绩就觉得自己是名人、是权威，从此可以说三道四、指点江山了。放眼未来，不用说科学、艺术等门类的繁多，单就一个门类来讲，其延展和深邃，就足以让人终生难究，更何况它本身还在日新月异地发展呢！回首往事，即使是历史的，也有很多是我们现代人无法企及的——因为稍微夸张点说，它已经达到了自己的巅峰！比如，唐诗、宋词、元曲。

人，贵有自知之明，才能清醒地学习和工作，我们只有经常反省自己，才不会囿于自己有限的见识而自满自足。在知识的海洋中，我们只有常怀“三人行，必有我师”的学习态度，才能追求真知，追求积极向上的人生，让人生变得更加有意义。“满招损，谦受益”告诉我们谦虚是做人的必要品德，勿以己之长而比人之短，勿以己之短而妒人之能，须知五岳之外，

相关链接：不知则问，不能则学，虽能必让，然后为德。——《荀子·非十二子》

别有他山之尊。我们只有时刻记住“满招损，谦受益”之理，永远怀着一颗谦虚之心，得到的才会更多。诚如哲人所说：“当我们大为谦卑的时候，便是我们最近于伟大的时候了。”

相关链接：笨鸟先飞早入林，笨人勤学早成材。——《省世格言》

开卷有益

开卷[1]有益。

——《渑水燕谈录·文儒》

注 ①开卷：翻开书，表示读书。

释义

只要打开书就有好处，只要能和书本接触，总是有益的。常用以勉励人们勤奋好学，多读书就会有得益。

宋朝初年，宋太宗赵光义命文臣李防等人编成一部规模宏大的分类百科全书——《太平总类》。对于这么一部巨著，宋太宗规定自己每天至少要看两三卷，一年内全部看完，遂更名为《太平御览》。有人觉得皇帝每天要处理那么多国家大事，还要去读这么部大书，太辛苦了，就去劝告他少看些，以免过度劳神。可是，宋太宗却说："我很喜欢读书，从书中常常能得到乐趣。"并常对左右说："只要打开书本，总会有好处的。"大臣们见皇帝如此勤奋读书，也纷纷效仿，所以当时读书的风气极盛，连平常不读书的宰相赵普，也孜孜不倦地阅读起《论语》来。后来，"开卷有益"

相关链接：人之学也，或失则多，或失则寡，或失则易，或失则止。——《礼记·学记》

便成了成语，形容只要打开书本读书，总有益处的。

的确，一本好书，是人类知识的结晶，是人类精神的营养品。博览群书能使人拥有高深的学问，受人尊敬。诗圣杜甫之所以能“下笔如有神”还不是得益于“读书破万卷”？同时，书也是历史经验的总结，是社会文化的升华。读书，可以彻悟人生道理，可以洞晓世事沧桑，甚至可以广济天下民众。

三国时的吕蒙虽身经百战，升为郎中，但他并没有读过多少书，给人的感觉是勇猛有余而智谋不足。不过这个人倒非常善于听取别人的劝告，有一次吴王孙权叫他多读点书，于是，每天军务再忙，他都会抽一些时间来读书，还特地聘请了两位文士来指导他读书，进步神速。一次，鲁肃巡视吕蒙的防地，吕蒙问他：和关羽为邻，你打算如何既联合他又警惕他？鲁肃满不在乎，随口应道：没想过，到时看着办吧。吕蒙严肃地提出批评，然后滔滔不绝地分析了双方形势，并当场提笔，写出五条良计。这使一向看不起吕蒙的鲁肃大为吃惊，赶紧离座走到吕蒙跟前说：“士别三日，即更刮目相待。”吕蒙成长的过程说明，一个人在实践经验的基础上多读书，把实践和理论结合起来，就会取得长足进步，增加出谋划策的本领。

书中虽然没有黄金屋，也没有颜如玉，但历史愈前进，人类的精神遗产就愈丰富，故而书籍愈浩瀚，人们需要汲取的知识也愈多，读书就愈成为我们获取知识的主要途径。不读书或少读书，是注定要被社会淘汰的。因为，我们的知识就像水库，大量的阅读可使我们的水库能够储存大量的知识，而我们在补充知识的同时，知识也在不停地更新。这时，如果我们少读或不读了，“知识水库”很快便会枯竭。当然，我们也不能把“开卷有益”片面地理解为一切书皆读，不要取舍，不问内容，读了就有益。因为，读了不好的书就像交上了一个坏朋友，可能会把你害了。只有选择有价值、适合自己阅读的书，读了以后才会有益。

不过，“开卷”也是要讲究方法的。开卷者古来就有，有五柳先生那“不求甚解”读法的，也有朱光潜倡导的“字字推敲，咬文嚼字”读法的，更有王国维所谓的三种读书境界……正确的做法是，你无论采取哪种方式，都应建立在思考的基础之上，读书只有和思考有机地结合起来，才能升华为理性认识，真正成为自己的学问。孔子说“学而不思则

相关链接：虽有至道，弗学，不知其善也。是故学然后知不足，教然后知困。——《礼记·学记》

罔”正是此意。读而不思，是绝对体会不出书中妙处的，就好比吃饭，如果不是细嚼慢咽，如何能体味到“酸、甜、苦、辣”的滋味？一言以蔽之，开卷必须与思考相结合，才是真正的有益。

相关链接：读书有三到：谓心到，眼到，口到。——朱熹

有颜回者好学，不迁怒，不贰过

哀公[①]问："弟子孰[②]为好学？"孔子对曰："有颜回[③]者，好学，不迁[④]怒，不贰过[⑤]，不幸短命死矣。今也则亡[⑥]，未闻[⑦]好学者也。"

——《论语·雍也》

注

①哀公：即姬将，为春秋诸侯国鲁国君主之一，是鲁国第26任君主，在位27年。
②孰：谁。
③颜回：亦称颜渊，字子渊，是孔子最得意的学生。
④迁：转移。
⑤不贰过：相同的错误不犯第二次。贰：重复。
⑥亡：通"无"，没有。
⑦闻：听见。

释义

鲁哀公问孔子："你的学生中哪一个是最好学的？"孔子回答说："有个叫颜回的最好学，他从不把脾气发到别人身上，也从不犯同样的错误，不幸年纪轻轻就死了，现在没有这样的人了，再也没有听说过有这样的人了。"

在孔夫子的三千弟子当中，颜回当是孔老夫子最最欣赏的好学生了。正如现在把"德、智、体"都好的学生称为"三好学生"一样，孔子的

"六好学生"就非颜回莫属了，因为当年孔子讲学传授的"礼、乐、射、御、书、数"六艺，他样样精通，而且学以致用，以德行著称；不然，当听到颜回的死讯时，老夫子也不至于伤心得老泪纵横，哭得昏天黑地："天丧予！天丧予也！"孔子一句"回之仁贤于丘也"足以证明这个首屈一指的高足弟子，当列"德行榜"之首。

孔子说："颜回真是个贤德之人啊！一小筐饭，一瓢水，住在简陋的小巷子里。别人都受不了那穷苦的忧愁，颜回却不改变他自有的快乐。"在孔子看来，正确的治学态度一是要耐得住寂寞，能过"一箪食，一瓢饮"的简陋小巷子生活；二是要知错就改，特别是"不贰过"。耐得住寂寞了，就不会杞人忧天而动不动就迁怒于人。知错就改，才能吸取教训，提高自己。

长篇历史小说《李自成》作者姚雪垠一生笔耕不辍，收获颇丰，在中国文学史上写下了光辉的一页。他成功的诀窍就是颜回"不惜金缕衣，耐得住寂寞"那种好学上进，安贫乐道的精神。姚老说，学习最重要的是不要杞人忧天(不迁怒)，要耐得了寂寞。他进一步说，不杞人忧天是为了耐得寂寞，只有耐得寂寞的人，才能够勤学苦练，从而做出点成绩来；相反，耐不得寂寞的人，就会心存浮躁，哗众取宠，热衷于出风头、赶时髦，而一遇到点儿挫折就会迁怒于人。这样的人就不可能静下心来刻苦学习，更谈不上埋头钻研，不可能取得什么成绩。

相对而言，"不迁怒"还是比较容易做到的，顶多是自己有什么不顺心的事情，放在心里，有什么烦恼和愤怒不要发泄到别人身上去，所谓"己所不欲，勿施于人"。但"不贰过"就不那么容易了。我们说话写文章时几乎都引用过诸如"吃一堑，长一智""不被同一块石头绊倒两次"等等名言，但我们不妨扪心自问：自己在生活中、在学习上是不是真的能做到知错就改，不犯同样的错误呢？生活中倒是经常看到有些人明明是做错了事，但就是不肯说一声"对不起"，并负起该负的责任；相反，他会坚持错误，将错就错，或者为了掩饰自己的错误，不惜用很大的力气，再制造更多的错误，来证明他的错并不是错。就算让他闭门思过，更多的还是在思"别人之过"。殊不知，虽然不认错，但错还是存在的。其实，我们不是神，颜回也不是神，是人孰能无过？犯错不要紧，君不闻"失败乃成功之母"吗？问题的关键在于"不贰过"，要抱着虔诚态度去改正每一个错误，

相关链接：弈之为数，小数也；不专心致志，则不得也。——《孟子·告子上》

并汲取犯错的教训！

暂且不说“不迁怒，不贰过”的高标准，在生活中，我们如能做到“少迁怒，少贰过”已是难能可贵的了。这样的人就算不是圣人，也应该算是一个贤人了。

相关链接：知不足者好学，耻下问者自满。——林逋：《省心录》

人好学，虽死犹存

人好学，虽[1]死犹存；不学者，虽存，谓之行尸走肉耳。

——王嘉：《拾遗记》

注 ①虽：即使。

释义

人如果好学，即使是死了还活在人们心中；不学习的人，尽管还活着，只不过是行尸走肉罢了。

王嘉是东晋的小说家。他的《拾遗记》记载了上古至东晋的神话、传说，多为正史所不载。据王嘉讲，此句乃东汉学者任末的临终遗言。任末14岁起就离家远出求学，他的座右铭是："人而不学，则何以成？"任末学习兴趣广泛，看书一有收获就立即记在自己的衣服上。他所住的房子的墙上、柱子上、园子里的树木上，也都写满了他读书时即兴记下的心得体会。因此，远远近近推崇任末学问的人，都跑到他家中来抄他的笔记。人们还给任家起了一个雅号——"经苑"（写满经书的花园）。任末去世后，来抄书的人还是络绎不绝，还真应验他"人好学，虽死犹存"的遗言了！

相关链接：子曰："温故而知新，可以为师矣。"——《论语·为政》

古往今来，每一个作为个体的人都是历史长河中微不足道的一小滴水珠而已，但为什么价值却各不相同？突出者光芒耀眼盖过整个时代，但更多的人淡若空气，无影无形一飘而过，后人都不知道他曾到这世上来过一遭。为什么古人勤学苦练的故事即使已隔千百年，却依旧盛传不衰，有些甚至成了家喻户晓、妇孺皆知、人人耳熟能详的经典故事？还不是因为他们好学的品质，令他们能够虽死犹存！说到底，是他们身上那种不灭的好学精神在代代相传，是他们那种发奋读书的刻苦形象存活在了人们的心中，后人仰慕他们，崇敬他们，并视之为榜样。

相关链接：梓匠轮舆能与人规矩，不能使人巧。——《孟子·尽心下》

相反，不好学的人，虽然活着，却也和行尸走肉无异。人不学而无术，不学无术的一生，必定是碌碌无为的一生，无论如何也活不出生命的价值和意义来。占着人的皮囊，装着鼠的思想，什么也不学，什么也不懂，一如臧克家所言："有的人活着，却已经死了。"若人人如此，恐怕人类社会至今还停留在茹毛饮血的原始时期，只为寻食饱肚而生存，文明与进步免谈，更不用说什么虽死犹存，让后人铭记了。既然社会要在发展中前进，人类要追求更高层次的生活目标，"好学"定然是重中之重。古人就有多少《劝学》篇留传下来！从孔子及其门人《论语》劝学，到《荀子》中的劝学篇，再到颜真卿及后人的劝学诗，数都数不过来！"好学"成了从古至今永恒不变的时代主题。因为他们都明白学习的重要性，都明白"人好学，虽死犹存"的道理；因为喜好学习，人的精神境界在不断上升，生命的光芒也因此而绽放，它可以创造万物，从物质的到精神的，那才是真正不灭的东西！

学习好似一片沃土，要辛勤耕耘才会有累累硕果。如若懒于劳作，当别人跳起丰收之舞时，你只能两手空空，如行尸走肉般虚度人生。

相关链接：好学而不贰。——《左传》

相关链接：行之而不著焉，习矣而不察焉，终身由之而不知其道者，众也。——《孟子·尽心上》

吾尝终日而思矣，不如须臾之所学也

吾尝[1]终日而思矣，不如须臾之所学也。

——《荀子·劝学》

注 ①尝：曾经。

释义

我曾经整天地思索，却不如片刻学习的收获大。

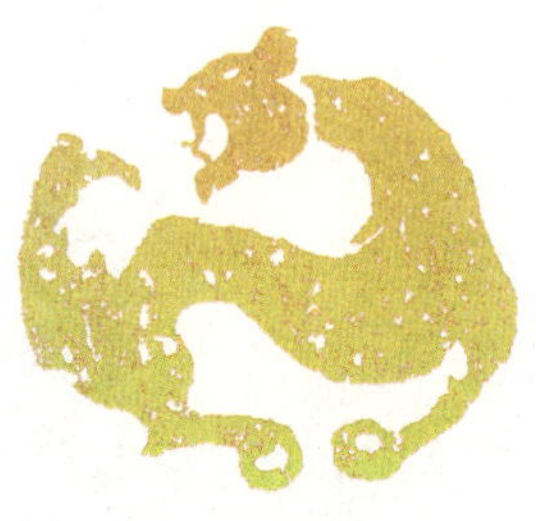

这句话其实说的是躬身学习的重要性，要求人们要向书本学习，向生活学习。孔子曾经说过“我非生而知之者，好古，敏以求知者也”。思而无得，不但对学习毫无益处，反而会对自己的进益造成阻碍，不如退而学之，退而习之。

宋代学者沈括小时候喜爱读诗，“人间四月芳菲尽，山寺桃花始盛开”，当读到这句诗时，小沈括就很纳闷，百思不得其解：“为什么我们这里花都开败了，山上的桃花才开始盛开呢?”他坐在窗前托着下巴，左思右想，从早晨苦苦思索到晚上，还是想不通。后来，为了弄清楚这个问题，沈括约了几个小伙伴上山去实地观看一番。四月的山上，乍暖还寒，阵阵凉风不断地袭来，冻得人瑟瑟发抖。于是，沈括恍然大悟，原来山上的温度比山下要低很多，所以花季来得比山下晚，山上的桃花才会比山下的桃花开得迟得多。后来，正是凭借着这种求知和躬身实践的精神，长大以后的沈括写出了《梦溪笔谈》。小沈括虽然不是直接从书本上学得的知识和学问，而是通过亲身实践获得了增益和进步，但这也是一种学习，只不过是换了一种学习的方式而已。如果他只是冥思苦想而不去亲身向生活学

相关链接：君子之学如蜕，幡然迁之。——《荀子·大略》

习一番，那么，即使花再多的时间，恐怕还是不会明白四月里“山寺桃花始盛开”的真正原因。

当然，有了疑惑，在百思不得其解时要学，那么，是不是说没有疑问的时候学习就可以放一放了呢？答案是“否也”。北宋理学家，“关学”的创始人张载在《经学理窟·义理》中说：“与不疑处有疑，方是进矣。”《礼记·学记》里有一句话：“学然后知不足。”意思是只有通过不断的学习以后，才知道自己的不足。有人曾把自己的知识面比作一个圆圈，圆内是已知，圆外是未知，那么，知识越多的人，圆周就越大，越能察觉到自己知识的不足。知道自己的不足，越是能努力学习，越是努力学习知识就越丰富。反之，越是孤陋寡闻的人越是觉得未知世界很小而沾沾自喜。古人云：“学海无涯”，我们目前所学到的只是浪花扑上岸来时溅起的一滴小水珠。所以，在任何时候，学习是不能停止和懈怠的。

不过，也不能只一味地强调“学”而忽视了“思”，思而不学也会变得迷惘而无所得。若只是一心埋首学习中，而从没想过停下来多问几个为什么，到最后只能是一种知识的简单叠加，也只能是让人越来越困惑。《二程全书》里说：“不深思则不能造其学”，说明“思”对“学”的促进作用是十分重要的。

“学而善思，然后可与适道。”所以，学不可以荒，更不可以止，要笃学，勤学，恒学；而思也不能废，更不能停。这样，才能获得真知，学得卓识，寻得智慧的宝藏。

相关链接：学如不及，犹恐失之。——《论语·泰伯》

学则正，否则邪

学则正，否则邪[1]。

——扬雄：《法言·学行》

注 ①邪：错误。

释义

学习了所作所为就正确，不学习所作所为就谬误。

扬雄（前53年～18年），字子云，西汉学者，辞赋家。他少时好学，博览多识，不善言辞，但喜欢深思。他家里很穷，但他不贪慕富贵，所以他一生悉心著述，除辞赋外，又仿照《论语》著《法言》，仿《周易》作《太玄》，以此来表述他对社会、政治、哲学等方面的思想，在思想史上有其一定的地位。另外，他还有语言学著作《方言》等。

清朝初期的著名学者、史学家万斯同小的时候是一个顽皮的孩子。由于他贪玩，不懂规矩，性格顽劣，所以他的行为遭到了宾客们的批评。谁知万斯同非常生气，竟然冲上前去，掀翻了宾客们的桌子。父亲大怒，最后他被父亲关到了书屋里。万斯同一开始很生气、厌恶读书，可渐渐地他发现书里也有很多好东西。于是他闭门思过，并从《茶经》中受到启发，

相关链接：观于海者难为水，游于圣人之门者难为言。——《孟子·尽心上》

开始用心读书。转眼一年多过去了，万斯同在书屋中读了很多书，他也明白了父亲的良苦用心。万斯同经过长期的勤学苦读，再也不似往常，变得知书达礼，并成为一位通晓历史、博览群书的著名学者，还参与了《二十四史》之《明史》的编修工作。《荀子·劝学》里有这样两句话："玉在山而草木润，渊生珠而涯不枯。"意思是说宝玉藏在山中，连山上的草木也显得滋润；珍珠产在深渊里，连涯岸也显得不干枯。学问、韬略藏于胸中，自然会行为举止不俗，气魄风格不凡。若无内才，即使有漂亮的外表，也只是个凡夫俗子，绣花枕头罢了。这其实说的是学习对人潜移默化的影响，在不知不觉的学习中，人的思想受其熏陶，行为也就会随之而改变了。反过来，不学习，或者学点歪门邪道，必然要被时代唾弃。有一位叫穆时英的青年作家，曾以一本揭露旧社会黑暗的小说《南北极》在当时引起了不小的轰动。但他走进了上海的十里洋场后，受到腐朽生活方式的影响，竟也歌颂起那些醉生梦死的生活来，这是"否则邪"的绝好例证。

所以学习不仅仅只是增长了学识，开阔了眼界，更重要的是它能作我们行为的向导，让我们少犯错误甚至不犯错误，并指引着我们在正确的道路上不断行进。人们常说："理论指导实践，正确的理论指导人们采取正确的行动。"学习就是一种理论知识的积累，它对实践结果的好与坏有着十分重要的影响。但在我们的生活中，有人认为积累实战经验比学习理论要实际且立竿见影得多，从而把理论学习放在了比较次要的位置。殊不知，若是没有相应的理论指导，又怎么会有出色的实践产生，那丰富且深厚的经验又从何而来呢？所以，"学"是不能丢，也是丢不得的。

当然，这并不是说实践就不重要，我们学习理论时，也不能荒废了实践，"实践出真知，是检验真理的唯一标准"嘛！而且理论在实践中才能真正发挥其作用，学而不用只能是无用，离开了实践，理论也便没了用武之地，成了无源之水。

不过，"学则正，否则邪"，学也要得法。常言道："近朱者赤，近墨者黑。"学习也是一样的道理，一本好书，精深的知识，正确的理论，对人是一种激励与促进；相反，一本坏书，污秽的知识，错误的理论，不但会影响人们的分辨力与判断力，甚至还会引人误入歧途，使人

相关链接：闻之而不见，虽博必谬；见之而不知，虽识必妄；知之而不行，虽敦必困。——《荀子·儒效》

跌进万丈深渊。因此，要“学有所择”，擦亮眼睛，跟着“真学”“正学”走，而千万不要被“伪学”“歪学”蒙蔽了双眼。著名教育家陶行知先生说：“千学万学学做真人！”只有正确地学习，学会“趋正去邪”，并把所学与所行和谐地统一结合起来，生活的大道才会越走越宽！

相关链接：敏而好学，不耻下问。——孔子

相关链接：积土成山，风雨兴焉；积水成渊，蛟龙生焉；积善成德，而神明自得，圣心备焉。——《荀子·劝学》

书到用时方恨少

书到用时方[1]恨[2]少，事非经过不知难。

——《古谣谚》

注 ①方：才。
②恨：遗憾。

释义

书到用的时候才遗憾自己读得太少，事情不是自己亲身经历是不知道其艰难的。

“书到用时方恨少，事非经过不知难”是清朝中后期文人杜文澜编撰《古谣谚》中的一副劝勉联，告诫人们要多读书学习，多积累知识，不断增长见识。如果说上联“书到用时方恨少”劝勉人们要“贵学”，那么下联“事非经过不知难”，则是“贵行”了。

明末清初著名的思想家、学者顾炎武就是“贵学”的典范。他6岁启蒙，10岁开始读史书、文学等名著。11岁那年，他的祖父蠡源公要求他读完《资治通鉴》，并告诫说：“现在有的人图省事，只浏览一下《纲目》之类的书便以为万事皆了了，这是不足取的。”这番话使顾炎武领悟到，读书做学问是一个循序渐进的过程，是一个逐步积累的过程，必须忠实、踏实地对待它。自此，顾炎武便勤奋苦读，治学严谨，博览群书，为他日后成长为思想家打下了扎实的基础。同样，孔子读书多而勤，以致“韦编三绝”，董仲舒专注读书三年“目不窥园”，季羡林藏书堆积几乎填满了书房……若不是厚积薄发，哪来他们的生前身后诸多功名？

“书到用时方恨少”，这就好比饥饿时才想起没有储备充足的粮食；考试了才想起尚未扎实地复习；生病时才懊恼平时缺乏锻炼，没有一个强健的体魄……所有这些，统统缓解不了燃眉之急，到时只能捶胸顿足，后悔莫及。古人云：“腹有诗书气自华。”学习使人深刻，使人睿智，也使人高雅不俗，正所谓“存乎于心，为我所用，信手拈来，不留痕迹”。我们也常用“学富五车”来形容一个饱读诗书、学识广博的人，更常羡慕那些脱口

相关链接：无冥冥之志者，无昭昭之明；无惛惛之事者，无赫赫之功。——《荀子·劝学》

成章、博古通今、善于旁征博引之人，殊不知他们是花了常人多少倍的努力，读了常人多少倍的书啊！先不说“五车书”之多，倘若我们当真能“把别人喝咖啡的时间”用在读书上，那么，我们不仅不会显得浅薄，而且待到用时也就用不着搜肠刮肚了，又何须感慨“书到用时方恨少”呢？

然而，光“学”不“行”也终是无益。宋代朱熹早把“知”“行”关系说得明白，他说：“论先后，知为先；论轻重，行为重”。王夫之《尚书引义》云：“知非艰，行之惟艰。”“知”是手段，“行”是目的，不“行”无以奏“知”之效，也无以知“事”之艰难，免不了落个“纸上谈兵”的下场。本联语言简洁明了，恰到好处地将“知”“行”有机地结合起来，给人以深刻的感受。陆游曾语：“纸上得来终觉浅，绝知此事要躬行。”书上的东西毕竟是抽象的，若不亲身实践，永远无法真正深刻了解它。所以，在实践中将书本上的知识融会贯通，这才是我们读书的真正目的。现代社会所看重的，绝不仅仅是一纸文凭，更在于有没有脚踏实地的能力！

相关链接：立身以立学为先，立学以读书为本。——欧阳修

精思

“好学深思，心知其义”是读书人所力求达到的最高境界。“学问”是由“学”和“问”组合而成的，“学”中有“问”，“问”中有“学”，一“学”一“问”便是“精思”，思则得之，不思则不得之。

相关链接：谓学不暇者，虽暇亦不能学。——《淮南子》

朝闻道，夕死可矣

子曰："朝闻道[①]，夕死可矣。"

——《论语·里仁》

注 ①道：道理，真理。

释义

孔子说："如果早上听到有道理的话，晚上死了也可以了。"

孔子晚年曾感慨道："朝闻道，夕死可矣。"一般的解释是："早晨得知真理，要我当晚死去，都值得了。"这句警世格言体现了孔夫子"生命不息、学习不止"的一贯作风。这里，一个简简单单的"道"字，在春秋的时候却很有讲究，即使不涉及玄而又玄的老庄之"道"，单是在《论语》中就约有六十来处讲到了"道"。这个"道"，除了有真理的意思外，也可指道德、学术、方法，甚至可以指孔子心目中魂牵梦萦的理想社会制度。孔子思想博大精深，凝聚着其思人所未尝思、发人所未尝发的智慧。这样的智慧于我们不仅不可或缺而且不可多得，值得后人去深思和玩味。

西汉有个儒生叫夏侯胜，汉武帝死后，在宣帝即位之初，他就曾经因为批评汉武帝而被下狱。丞相长史黄霸因为不肯随大流参劾夏侯胜，便一道下狱，几乎为此丧命。后来，幸遇大赦，才保住了一条老命。这个黄大人吏员出身，没有读过什么书，最初的官位也是纳赀得来的——所谓“纳赀”也就是捐钱，用今天的话来讲就是买官。颇具讽刺味道的是，一个买官出身的人，居然后来成了整个汉代排名第一的良吏清官。别看他的名字十分“霸道”，蛮不讲理，可就是这个“黄霸”，后来居然成了良吏的代名词。当然，这是后话。由于那个黄大人崇仰儒学，于是就在狱中请求夏侯胜传授他《尚书》。夏侯胜对他说：“这一次我们恐怕都要判死罪，你又何必学呢？”黄霸便以孔子的话回答夏侯胜：“朝闻道，夕死可矣。”夏侯胜很是感动，于是就在狱中给他传授《尚书》。

“朝闻道，夕死可矣。”这句话旨在激励人们去努力探求真理，不过，我们在追求真理的同时，如果只满足于自己掌握真理，而不去传播；如果只是单纯地提高自己的修养，而不去对社会有所贡献，那么，人生还有什么意义和价值呢？可生活中有些人却不是这样想的，他们虽以“朝闻道，夕死可矣”自勉，看起来是满腹经纶，有的甚至会得意洋洋，然而，他们不善于学以致用，在事业上碌碌无为，来个“朝闻夕死”，岂不愧对社会、愧对生活、愧对自己？所以，重要的不仅仅是掌握知识，更要运用知识为人类造福。俗话说“唯有创造才识欢乐”——这样说来，“朝闻道”，去创造，“夕死”才“可矣”！

道有“正道”和“邪道”之别。我们当然要“闻正道”。“闻了正道”，不仅不会“夕死”，还可以让我们“凡事预则立”，不断矫正自己的人生轨迹，做一个流芳百世、永远活在人们心中之人。“七君子”发起成立“上海各界救国会”，从事抗日救亡活动，是闻了正道；康有为发动在北京应试的一千三百多名举人联名上书光绪皇帝，痛陈民族危亡的严峻形势，揭开了维新变法的序幕，也是“闻了正道”。相反，如果“闻了邪道”，就会对人生产生迷惘和困惑，真假不分，看似真，实是假，以假乱真，自觉或不自觉地误入歧途，造成终生的遗憾。青年学生沉湎网络游戏而乐不思蜀，荒废了学业，就是“闻了邪道”。这是人生的悲剧，也是社会的悲哀。

相关链接：愚者有备，与知者同功。——《淮南子》

顺便强调一句，“正道”虽好，但要“闻而行之”；否则，必然落得个“后人哀之而不鉴之，亦使后人而复哀后人矣”的结局。遗憾的是，我们都曾闻“少壮不努力，老大徒伤悲”之道，可是又有多少人“不贵尺之璧，而重寸之阴”，趁着年轻，锲而不舍地在学海中“苦作舟”了呢？

相关链接：书卷多情似故人，晨昏忧乐每相亲。——于谦

尽信书，不如无书

尽信书，则不如无书。吾于《武成》，取二三策[①]而已矣。仁人无敌于天下，以至仁伐至不仁，而何其血之流杵[②]也？

——《孟子·尽心下》

注 ①策：竹简。
②杵：捶衣的棒。

相关链接：人皆知以食愈饥，莫知以学愈愚。——刘向：《说苑·建本》

释义

完全相信书，那还不如没有书。我对于《武成》这一篇书，就只相信其中的二三罢了。仁人在天下没有敌手，以周武王这样极为仁道的人去讨伐商纣这样极不仁道的人，怎么会使鲜血流得可以漂起木棒呢？

孟子所说的《书》是指《尚书》。他认为《武成》篇中描写武王伐纣的情景很不可信，因此对于《武成》只信其中的二三而已。孟子认为，《尚书》是经过孔子整理过的经典著作，尚且不可尽信，何况其他？作为儒家经典的《尚书》，在孔、孟的时代是极其权威的，因此，孟子对它敢于怀疑的精神实属不易，体现了圣贤的治学态度，这在当时恐怕是空谷足音了，即便今天也是难能可贵的。

战国时期，赵国大将赵奢的儿子赵括，自幼熟读兵书，善谈兵法，连他的父亲也说不过他。公元前 259 年，秦军来犯，赵军在长平迎敌。负责指挥全军的廉颇虽年事已高，但打仗仍然有章有法，秦军无法取胜。秦军自知不能久拖，便施行了反间计，派人到赵国散布“廉颇老矣，秦军怕的是赵括将军”之类的话。赵王不知是计，便派赵括替代了廉颇。赵括自认为很会打仗，死搬兵书上的条文，到长平后完全改变了廉颇的作战方案，结果四十多万大军尽数被俘，除年幼的二百四十人被放回赵国外，其余全部被活埋，赵括自己则不幸中箭身亡。成语“纸上谈兵”由此得来。无独有偶，公元 228 年春天，马谡带领五万精兵到军事重镇街亭去抵御魏军，结果马谡只知死搬兵书教条，

相关链接：行也成也。善说者亦然。言尽理而得失利害定矣。——《吕氏春秋》

把军队驻扎在街亭沿线的山坡上，终被魏军困在山上，断了水道，蜀军不战自乱，失了街亭。马谡不仅未立寸功，反丢了卿卿性命！

所以，读书是好事，但要看是怎么个读法。书毕竟是人写的，人的局限性必然导致书会有缺陷，如果唯书本是从，轻则成个书呆子，重则形成所谓“本本主义”作风，误人子弟，贻害无穷，更何况是在汗牛充栋，几乎“无错不成书”的今天呢？试想，如果蔡伦尽信书，那么，竹简记字的方法还要延续多少年？如果李四光尽信书，相信中国是贫油国，那么，中国人靠“洋油”点灯的日子还得过多少年？如果陈景润尽信书，他又怎能攻克哥德巴赫猜想呢？

古人尚且知晓“尽信书，不如无书”，我们岂可死读书，读死书，把书读死！遗憾的是，在推行素质教育的今天，依然有不少学校只注重知识灌输，不注重技能的训练；只注重动脑能力的培养，不注重动手能力的锻炼；以考试为手段，以高分为目标，使学生偏重死记硬背、照本宣科，知其然，而不知其所以然，以致学生被质疑能力差、辨识能力差、抗冲击能力差、社会适应能力差。杨振宁曾说：“中国的留学生胆子太小，觉得书本上的知识就是天经地义的，不能随便加以怀疑，跟美国的学生比有很大差别。”名家的评判，一针见血地击中了传统教育的要害，发人深省。

我们必须打破传统教育固有的模式，敢于提出自己的观点，敢于质疑书本知识，以审视的眼光学习经典，以创新的方法破解难题，让书成为我们的良师益友而不是前进道路上的绊脚石！

相关链接：鸟欲高飞先振翅，人求上进先读书。——李苦禅

相关链接：问渠那得清如许，为有源头活水来。——《观书有感》

好学深思，心知其意

《书》[1]缺有间矣，其轶[2]乃时时见于他说。非好学深思，心知其意，固难为浅见寡闻道也。

——《史记·五帝本纪》

注 ①《书》：《尚书》，泛指古书。
②轶：散轶的记载。

释义

《尚书》残缺已经有好长时间了，但散轶的记载却常常可以从其他书的论述中找到。如果不是好学深思，真正在心里领会了它们的意思，想要向那些学识浅薄，见闻不广的人说明白，肯定是困难的。

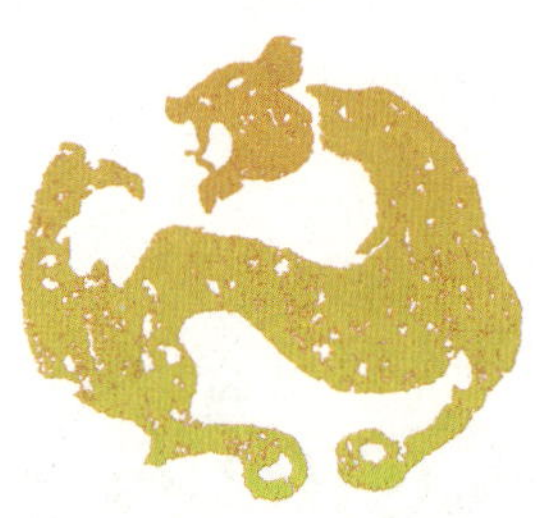

"好学深思，心知其意"，是每一个真正的读书人所力求达到的最高境界。读书的第一要义是静下心来，深入进去，领会书中之意，求得客观的认识，以充实自己的内涵，提高自己的素养。自孔圣人始，就十分强调好学深思。"学而不思则罔，思而不学则殆"将学与思的辩证关系阐述得深刻明了，学与思两者相辅相成，缺一不可。唯如此，才算是真正把书读懂了，才能准确地掌握作者在书中所要表达的深层意思。

与孔子一样，董仲舒也十分注重好学深思。他认为圣人的思想是非常深刻的，不认真思考就不能领会。所谓微言大义，就是在简单的语词内包含了深刻复杂的含义。“辞不能及，皆在于指，非精心达思者，其孰能知之!”董仲舒在《竹林》中如是说。如果不好学，那就无法深入地思考。有的人认为自己素质差，天赋不足，于是就懒得思考那些复杂的问题了。“未之思也，夫何远之有。”其实皆是人们没有深入思考的缘故罢了。

理学的集大成者朱熹，从小就具有好学深思的品质。据史传记载，他小时候很聪明，刚会说话时，父亲指着蓝天告诉他：“这是天。”他听后马上就问：“天的上面是什么呢?”如此丰富的想象力使父亲大为惊异。朱熹一生留下著作七十余部，总计四百六十多卷。纵观中国历史，朱熹能够成为继孔子后最杰出、最有影响的思想家、教育家和学者之一，能够在身后数百年的封建社会中，让自己的思想在中国思想界长期占据统治地位……如此巨大的成就与他从小养成的好学深思的习惯是分不开的。

然而好学易，深思难。圣人精华之意，必须得通过自己的深入思考去体会。《庄子·外篇·天道》言圣人死后，留下的书（经典）是“古人之糟粕”，那么精华在哪儿？在圣人的心中，那就是意！死背圣人的经典著作，不能领会精神实质，只能获得糟粕，得不到有益的东西。只有好学深思，才能心知其意，体会精华。言不能尽意，对于读书走马观花，并不深入下去的人讲这些深刻的道理，本来就很难解说清楚，更毋庸说浅见寡闻者了。

朱熹言：“讲论一篇书，须是理会得透。把这一篇书与自家羁作一片，方是。去了本子，都在心中，皆说得去，方好。”读书，必须“理会得透”，这是真正的彻底理解。将书中的思想接受下来，灵活地为我所用，这才表明自己确实理会透了，融入了自己的思想。教条、本本，如同古代的迂儒、陋儒、书呆子一样，空谈主义，都是行不通的。笔者虽不敢轻量天下之士，但现在的确有不少人心浮气躁，做学问静不下心来。刚读了几部著作，在浩如烟海的书中只是初窥门径，还未咀嚼消化，深入思考，就觉得自己满腹经纶了。再加上一些随意想象，恨不得立刻推出一个思想体系，再出版一两本书，自诩大师、思想家。可常常被称之为“游谈无根”的也偏就是那些人！学问做得不扎实，读书全不仔细，根本经不起追问。这样只学不思，不知其意，不如不学。

学之思之，才能知之解之。研读不能一扫而过，做事不能心猿意马，

相关链接：百川东到海，何时复西归？少壮不努力，老大徒伤悲。——《长歌行》

做学问毕竟不是“一看就懂，一学就会，一用就灵”的，而应该从“言”中领会“意”，从有字书中，识得没字之理，真正做到“好学深思，心知其意”，让自己的学问达到一个更高层次和境界！

相关链接：立志宜思真品格，读书须尽苦功夫。——阮元

读有字书，却要识没字理

读有字书，却①要识②没字理。

——《四书说约》

注 ①却：还。
②识：懂得。

释义

读书人要读有字的书，还要懂得没有字的道理。

鹿善继是明代诗文家、学者，他十分注重“实践”，并以之引领、教授学生，形成了以“躬行实践”为主要特色的燕南王学，成为晚明王学的一个重要支脉，在儒学史上有着相当的地位。中国有所谓“文以载道”一说，认为文字是大道的载体，关心的是读书求道。鹿善继却提醒人们，天地间有两种书，即“有字书”和“无字书”，有字书固然要读，但道理却往往存在于万物万事(即无字书）之中的，人们更应该关注自然界和社会上的实际知识，多读“无字书”，以免成为书呆子。“读有字书，识没字理”强调了社会实践对做学问的重要性。

据《庄子》所载，相传黄帝一次出游，路上碰到一个牧童，就问他怎

相关链接：骐骥千里，一日而通；驽马十舍，旬亦至之。——《淮南子·齐俗训》

样治理天下。那牧童答道：“你治理天下和我牧马有什么不同吗？都是去掉害群之马而已！”黄帝一听，恍然大悟，把牧童尊为“天师”，再三拜谢。后来在他治理国家时，只要发现害群之马，就会除恶务尽，天下终得太平昌盛。一个牧童，何能对治理天下有如此高见？说出来令人汗颜：只因他是牧童，天天要“读”“治马”这本“无字书”，识得“没字理”，把实践知识活读活用。

古今中外有识之士，无不主张人们要多读“无字书”。晋代王献之向父亲王羲之请教书法秘诀时，父亲指着院子里的十八口水缸说：“秘诀就在这缸里，当你把这十八口缸里的水写干了，就知道了。”王献之谨遵父命，倚缸习字，十八缸水写干后，又一名大书法家产生了。显然，缸里面的秘诀就是“持恒的苦练”。王羲之怎么知道这宝贵的“缸中秘诀”的呢？只因他曾“饱读”过“十八缸水”这本“无字书”。再比如，一代文豪鲁迅在《狂人日记》中写道：“我翻开历史一查，这历史没有年代，歪歪斜斜每页上都写着‘仁义道德’几个字。我横竖睡不着，仔细看了半夜，才从字缝里看出字来，满本都写着两个字是‘吃人’！”这里，鲁迅先生已经把那万恶不赦的旧社会这本“无字书”读破了，对其“没字之理”识得何等的大彻大悟！

小时候，父亲常常教育我说：“不识字有饭吃，不识人没饭吃。”当时因年幼愚钝，虽像鸡啄米似的不住地点头，但对其中的道理压根儿就不懂。今天细细想来，不就是说不读有字书顶多也就是个文盲而已吗？父亲那个年代是农业社会，一年二十四个节气中，只要辛勤耕种，总有口饭吃。但如果不了解一个人的品德和为人，那么，说不定你被他卖掉，还傻傻地帮他数钱呢！所以说，“识得人”很重要，而且这在有字书上是学不到的，正史上也不曾记载。这是“没字之理”，只能在无字书中才能学到。

“无字书”的内容十分广博、深奥。陶行知先生曾说：“花草、树木、小虫都是活书；山川湖海、风云雷雨也都是活书。活的人、活的问题、活的文化……活的世界、活的宇宙、活的变化，都是活的知识宝库。”这部宏大、深邃的“无字书”，我们每个人都要有所侧重地读，尤其在实行素质教育的今天，家长、老师要有意识地让青少年从书本中走出来，引导他们去观察广阔复杂的社会和自然，体味丰富多彩的生活，

相关链接：画西施之面，美而不可说；规孟贲之目，大而不可畏，居形者亡焉。——《淮南子》

让他们从“无字书”中识得更多人生不可或缺的“没字之理”，培养各种能力。

当然，书之“有字”还是“无字”也是相对的。大多数人从踏进校门开始，就进入了一个“从有到无，从无到有”的循环之中，此所谓“实践—认识—再实践—再认识”。

相关链接：旧书不厌百回读，熟读精思子自知。——苏轼

相关链接：子深其深，浅其浅，益其益，尊其尊。——《墨子·大取》

于不疑处有疑，方是进矣

于不疑处有疑，方[1]是进[2]矣。

——《经学理窟·义理》

注 ①方：才。
②进：长进，进步。

释义

在别人没有提出疑问的地方提出疑问，学业才是有所长进了。

张载是北宋理学家，“关学”的创始人。关学，萌芽于北宋儒家学者申颜、侯可，到张载正式成为一个理学学派。因世称张载为“横渠先生”，所以关学又被称为“横渠之学”。“关学”的定名，是从地域角度说的，因为申颜、侯可、张载以及“关学”的弟子多为关中人。就“关学”的内涵性质而言，它是属于宋明理学中“气本论”的一个哲学学派。

清代大学者、思想家戴震，小时候在私塾学习，听塾师讲授《大学章句》。讲完《右经一章》，老师告诉同学：“这一章是孔子的话，由曾子记述，下十章是曾子的话，由曾子的学生执笔记录的。”戴震就很好奇地问老师：“凭什么说这一章是孔子的话，由曾子记录的？又凭什么知道以下十章是曾子的话，又是由曾子的学生记录的？”老师回答他：“先儒朱熹的注释里就是这么写的。”他又问老师：“朱熹是哪个时代的人？”老师告诉他：“是南宋。”他又追问：“孔子和曾子是什么时代的人？”老师说：“东周。”于是戴震说道：“既然时间相距这么远，朱熹又怎么会知道两千多年前的事呢？”这一下，老师也不知道该怎么回答了。戴震在学习上勤于思考，敢于提出疑问，并有一种打破沙锅问到底的精神。他不迷信老师，也不迷信古代先贤，始终坚持“尽信书，不如无书”的原则。若是把书本上的一切都看做“金科玉律”而“照本宣科”，那自己的进步便可望亦可知了。“学而不思则罔”，如果只是埋头苦读，却从不发问，就会变得疑惑了，这样到头来只会是“越学越糊涂”。

“于不疑处有疑”，其实就是让我们善于思考，只有学会思考才会有疑产生。解决了疑问，自己的所学才会更深一层，所得才会更宽广一些，这不正是有利于接下来的学习吗？所以宋代程颢说：“学非碍于思，而学愈博则思愈远；思正有功于学，而思之困则学必勤。”思考对学习正是有益的，思考能解决许多原本无法理解的问题，这样就更激发了学习求知的欲望，学习也就更有了劲头，这就是所说的“学必勤”了。汉代刘向也说：“讯问者智之本，思虑者智之道。”勤虑多讯是智之根本，善思好问才会学有所成，变得更为聪明与智慧。只有这样才是真正达到了学习的目的，实现了学习的初衷了。

然而，有疑固然是重要的，但更为关键的一步是善问。“于不疑处有疑”，就是说要在看似毫无疑问的地方有所疑，这其实是告诉我们不要一切“跟着书本走”，“跟着先贤走”。即使所有人都说没有问题，但若是自己有所疑问，就得大胆地提出来，“该出口时就出口”。若是有了疑问只是独自端坐苦思冥想这是为什么，而不去主动求得疑问的答案，那么，“等到花儿都谢了”答案还是苦思无得，这样有疑和无疑还有什么区别呢？那只能让自己陷入更为困惑与茫然的地步了。有时候，自己提出的一些看法会与权威认识背道而驰，也许还会因此遭到一些人的不理解，甚至是反对，但我们仍旧要敢疑，人类社会不就是在疑惑中一步步向前发展、在前人公认的真理中产生疑问从而开启新的认识篇章的吗？树上掉下的苹果，所有人

相关链接：以乐为利其子而为其子欲之，爱其子也；以乐为利其子而为其子求之，非利其子也。——《墨子·大取》

视之理所当然，可牛顿偏要“于不疑处有疑”，觉得是个非同寻常的事，于是，人类社会因此而向前迈出了一大步。

有了疑问，大胆质疑并积极主动地去寻求答案，真正弄明白，弄清楚了，这样的疑问才会对自己有所增益，有所提高。只有这样，我们才能学有所得，学有所获，学有所进，并学有所值，学有所乐！

相关链接：读书百遍，其义自见。——《三国志》

奇文共欣赏，疑义相与析

奇文[1]共欣赏，疑义相与[2]析。

——陶渊明：《移居》

注 ①奇文：奇妙的文章。
②相与：共同。

释义

奇妙的文章一起赏识，疑难的道理共同剖析。

东晋归隐诗人陶渊明生活在一个政治极为黑暗、腐朽的年代，他为人性格正直耿介，与官场的腐朽风气格格不入，几次都是辞官而去。最后一次从彭泽令任上辞职，结束了他的仕途生涯，由此还引出他“不为五斗米而折腰”的千古佳话，从此时起，他的精神上感受到极大的解脱，真正走上了“躬耕自资”的道路。46 岁那年他搬到南村去住。南村又名南里，今九江市郊，他的一些老朋友如殷景仁、颜延之等，也都住在那里。“奇文共欣赏，疑义相与析”就是他在“乔迁”之初写成的《移居》中的千古名句，反映了辞职归田后那种“复得返自然”的愉快心情。

“奇文共欣赏，疑义相与析”，后来流传演化而为成语“赏奇析疑”和“奇文共赏”。“赏奇析疑”和原诗意思没有什么区别，形容欣赏诗文、分析疑难，但“奇文共赏”和原诗意思相比，作了较大的扩张性解释，含有奚落、讥讽和自嘲之意，凡是故意把文理不通、内容可笑之文字公之于众，便讥刺为“奇文共赏”，让大家一起来贬斥。

纵观人类历史，大凡走向富强、文明、民主的国家，都必定十分珍惜其民族的思想宝库。无论是富国强兵之论，还是针砭时弊之言，只要于国于民有益，便是多多益善。在中国历史上，春秋战国时期知识分子中不同学派的涌现及各流派争芳斗艳所形成的“百家争鸣”局面，带来了秦的大统一和汉唐的煌煌盛世，奠定了整个封建时代文化的基础，对中国古代文化产生了非常深刻的影响。时代进入了21世纪，“奇文共欣赏”中的“奇文”之内容也被无情地“刷新”了，它不再局限于“好文章”了，更不是被谦谦君子用来自嘲的工具了，它可以泛指新思想、新理论、新论点……总之，一切新生事物都可以称之为“奇文”，我们不但能够而且必须把它拿来学习、拿来思辨，把好的吸收过来，为我所用；把不好的作为反面教材，鞭策自己。有不少东西，在今天看来还是真理，可到了明天就成为谬误了；相反，也有很多道理今天正在接受着无情的批判，然而到了明天，它就摇身一变成为真理了——世界不就是这样螺旋式上升、波浪式前进的吗?

于是，就有人曾经断言：支配一个社会运转的主要力量不是既得利益，而是思想。思想是文明的先锋，创新是时代的足印。一个社会，迸发的新思想越多，包容的新学说越多；开掘的新知识越多，则其除旧布新就越快；创新力涌现就越快，社会进步也就越快，其文明演进必定如长江黄河奔腾不息，一日千里。《思想库文丛》第一辑的序言中讲得好，面对今日中国现代化的行进，我们高兴地看到，人们的思想空前活跃，经济基础的多元化带来社会舆论的多样化，成为社会进步的重要象征。近年来，新思想、新学说、新知识在我国日益呈现百花齐放的喜人局面，特别是网络新媒体的勃然兴起，更加快激发了我国思想界的思想激荡、融汇和创新。然而，虚拟世界并不虚无，电脑和光缆背后是人与

相关链接：善学者师逸而功倍，又从而庸之；不善学者师勤而功半，又从而怨之。——《礼记·学记》

人的交流，是思想与思想的碰撞。网络媒体的丰富与多样就像大海，蕴含着无穷的宝藏也掺杂着许多泥沙。

因此，我们每个人特别是青少年，在致力于搜罗、整理、汇集时代的思想精华的同时，要学会识别，学会应对，善于理解，善于利用，要把在人生“冲浪”过程中捡到的一篇篇闪着思想金光的奇文，都要试图将它编织成为一个对社会有利、对他人有益、对自身有助的人生经历。

相关链接：读不在三更五鼓，功只怕一曝十寒。——郭沫若

相关链接：好仁不好学，其蔽也愚；好知不好学，其蔽也荡；好信不好学，其蔽也贼；好直不好学，其蔽也绞；好勇不好学，其蔽也乱；好刚不好学，其蔽也狂。——《论语·阳货》

学而不思则罔，思而不学则殆

子曰："学而不思则罔[1]，思而不学则殆[2]。"

——《论语·为政》

注 ①罔：欺骗，蒙蔽，指迷惑。
②殆：疑惑。

释义

孔子说："学习却不思考就会被知识的表象所蒙蔽，只思考却不学习就会疑惑不解。"

孔子认为，在学习的过程中，知识积累与思考二者相辅相成，不可以偏废。孔子用"罔"和"殆"是为了区别"学而不思"和"思而不学"这两种状态下可能产生的两种不同的缺陷。"学而不思"的局限是因"迷惑"而无所得，"思而不学"的弊端是因"疑惑"而无所得。孔子主张学习与思考的有机结合，即"学思结合，方有所得"，只有将知识的积累与思考结合在一起，才能使自己成为有道德、有学识、有作为的人。这是孔子关于读书与思考关系问题的重要思想，也是孔子思想中的精华部分，千百年来教育着一代又一代莘莘学子。

唐朝的贾岛是著名的苦吟派诗人，在“思”与“学”的结合方面令人叹为观止。所谓“苦吟派”，就是指他们常常会为了一句诗或是诗中的一个字，不惜耗费心血“苦思冥想”。一天，贾岛骑着毛驴行走在长安街上，那时正值深秋时分，秋风一吹，落叶飘飘，景色十分迷人。贾岛一高兴，便吟出一

相关链接：木受绳则直，金就砺则利，君子博学而日参省乎己，则知明而行无过矣。——《荀子·劝学》

句“落叶满长安”来。但一琢磨，这是下一句，还得有个上句才行。他就苦思冥想起来了，对面有个鸣锣开道的官员过来，贾岛愣是没听见锣声。那官员叫刘栖楚，见贾岛闯来非常生气。可贾岛忽然来了灵感，大叫一声：“秋风生渭水。”刘栖楚吓了一跳，以为他是个疯子，叫人把他抓了起来，关了一夜。贾岛虽然吃了不少苦头，却吟成了《忆江上吴处士》，流传千古。贾岛有时候作一首诗要用掉几年时间，诗成之后，他便泪流满面，这不仅仅是高兴，也是因为心疼——心疼在“思”的过程中耽搁了许多“学”的时间。当然，并不是每作一首诗都让他这么费劲儿；否则，他就不是我们所熟知的贾岛了。

一个人从接受知识到运用知识的过程，实际上就是一个记与识、学与思的过程。学是思的基础。孔子说：“吾尝终日不食，终夜不寝，以思，无益，不如学也。”意思是说，整天不吃饭不睡觉，时间都用来思考，没什么好处，不如去学习。当然，思是学的深化，只学不思，就像人吃饭时囫囵吞枣、食而不化一样，所学知识无法“为己所有”。可见，只有学而思之，才能将所学知识融会贯通，举一反三，才能不断丰富自己的头脑，开拓自己的眼界。学、思结合，是掌握知识过程中的必由之路。在努力学习的同时积极思考，对所学的事物多问几个为什么，弄清事实和形成这种事实的原因，不但知其然，而且还知其所以然。诚如是，我们还需要“题海战术”来提高自己的应试水平吗？

相关链接：读书不破费，读书利万倍。——王安石：《劝学》

业精于勤，荒于嬉

业精[1]于勤，荒于嬉[2]；行成于思，毁于随[3]。

——韩愈：《进学解》

注 ①精：精深。
②嬉：嬉戏、玩乐。
③随：随意、随随便便。

释义

学业的精深，在于勤奋刻苦，学业的荒废，在于嬉戏游乐；道德行为的成功在于深思熟虑，败毁在于因循苟且。

“业精于勤，荒于嬉”，出自韩愈的《进学解》。意思是说学业由于勤奋而精通，也能荒废在嬉笑声中；事情由于反复思考而成功，但也能毁灭于随随便便。

韩愈强调一个人要着力于“业精”“行成”，即在学业上做到“精”，在品德上要做到“成”。怎样才能做到“精”与“成”呢？他说：“业精于勤，荒于嬉；行成于思，毁于随。”就是说，要想使学业精益求精，最根本的前提条件是勤学，否则懒惰贪玩，终至学业荒废。要想使品德上有所成就，凡事要三思而后行；否则，如果放荡成性，随波逐流，就会品德堕落。

这是他对前人治学经验教训的总结，也是他自己治学多年的宝贵经验的结晶。

业精于勤，荒于嬉；行成于思，毁于随。古往今来，“勤”与“思”成就了无数志士仁人的伟业。绘画大师齐白石，幼年没有机会上学，从放牧砍柴到痴迷艺术，勤学苦练，终成一代绘画大师；青岛港吊车司机许振超只有初中文化，但他肯学习、多实践、勤钻研，三十年如一日，一年内两次刷新世界集装箱装卸纪录，创造了振超效率；身残志坚的聋哑女演员邰丽华领着同样聋哑的二十多个姑娘们，“将别人喝

相关链接：读书有三到：“谓心到、眼到、口到，三到之中，心到最要紧。”——《朱文公集·训学斋规》

咖啡的时间”用在了无数次的排练上，把音乐的旋律融入身体、融入血液中，硬是在无声的世界里，演绎了令世人称颂的“千手观音”……

另一方面，在中华悠悠五千年的历史中，又有多少人的一生毁于“嬉”与“随”。先让我们来看看这“嬉”字——“女”+“喜”，老祖宗造这个字的意思是说一个人一旦沉迷于女色或儿女私情中便会不能自拔，定然会干不好大事的了。吴王夫差就是一个典型的例子。凭着为父报仇的决心与自己的才能，夫差打败了越王。他本来可以成就一方霸业的，可是一个西施就使他忘记了一切，盲听盲从，逼死了伍子胥，毁了吴国大好的前程，最终惨败于越王勾践的“卧薪尝胆”之下，不明就里之人还以为这是风水轮流转呢！再说这个“随”字，它的意思是指：随大溜、随世俗。作为学生，如果我们在学习上“随”字当头，就会变得盲从，从而停滞不前。

良药苦于口而利于病，忠言逆于耳而利于行。青年学生要想取得理想的学业成绩，就必须牢记“业精于勤，荒于嬉；行成于思，毁于随”，唯有勤奋学习，坚忍不拔，不断攀登，才能创造出辉煌的成绩，才能在激烈的社会竞争中立于不败之地；相反，如果一味放纵自己，或懒惰厌学而做一天和尚撞一天钟，或沉迷于网络游戏而乐不思蜀，其结果难道不是显而易见的吗？

相关链接：富家不用买良田，书中自有千钟粟。——王安石：《劝学文》

相关链接：学不倦，所以治己也；教不厌，所以治人也。——《荀子·劝学》

思之自得者，真；习之纯熟者，妙

思之自得者，真；习[1]之纯熟[2]者，妙[3]。

——《慎言·潜心》

注

①习：实习、实践。
②纯熟：十分熟练。
③妙：高妙。

释义

能够独立思考而有所得的人，才能获得真正的学问；十分熟练地实习所学的知识的人，才能变得高妙。

王廷相是明清之际的著名启蒙思想家和教育家，明代“前七子”之一。在其一生教育实践中，他不仅教授有方，使“一时大江南北人士皆翕然丕应”，而且他一生笔耕不辍，留下了大量的学术著作，《慎言》是王廷相长期积累的读书笔记汇编。《慎言》一名，是取义于《论语》“多闻阙疑，慎言其余”，表明他本人对问题的独立思考与探索。他从朴素唯物主义认识论出发，在教育和教学方法上提出了许多可贵的见解。

他主张“思”“习”结合，以求会通，学习要“思之精、习之熟”，认为想要真正掌握所学知识，不能单靠说教，必须“实历”，即实践的意思。“能思之自得者，真；习之纯熟者，妙”，指出了思考和实习在学习中的重要性。

“能思之自得者，真”，能够独立思考而有所得的人，才能获得真正的学问。孔子历来就主张“思、问、习”的读书法，“博学之、审问之、慎思之、明辨之、笃行之”中的“慎思之”就是强调“学而不思则罔，思而不学则殆”。学与思要结合起来，对所学知识要“斟酌”，要“咀嚼”，要“推敲”。唐朝时，有个叫贾岛的人有一天去拜访友人，他在驴背上想到两句诗：“鸟宿池边树，僧敲月下门”，又想用“推”字，一时定不下来。于是嘴里就“推敲，推敲”地念叨着并作推敲的手势，以致不小心闯入大官韩愈的仪仗队里。韩愈问他为什么乱闯。贾岛就如此这般地说了一遍。韩愈听了，哈哈大笑说：“我看还是用‘敲’好，万一门是关着的，推怎么能推开呢？再者去别人家，又是晚上，还是敲门有礼貌呀！”贾岛听了连连点头。“推敲”一词由此得来，成了斟酌研究、反复思考的代名词了。贾岛这回乱闯非但没受处罚，还与韩愈交上了朋友，当然，这是后话。可以想象，如果没有经过反复的思量，是不可能写成这样流传千古、精妙绝伦的诗句来的。

而“粤工操舟”的故事，则把“习之纯熟者”的道理说得十分透彻。有一个粤地的工匠善于造船，越国国王觉得他造的船很好用，命令管粮官供给他上等的食物，让全国的造船者都以他为“楷模”。做了一年多后，他对越王说：“我不但能造船，还能驾船。”越王相信了他。在檇李战役(公元前 496 年，吴越战于今浙江嘉兴）中，粤工操纵着战船，看起来是有板有眼、从容不迫的样子，十分专心。然而由于他无法操控战船进退，在突然遭遇一阵大风时，粤工因翻船掉进水里淹死了，以熟悉水性著称的越国人都很可怜他。不过，后人对他倒是没有给予多少同情，反而觉得他很可笑，笑他不仅“闭户学操舟之术”，而且还被“荣誉”冲昏了头脑，丢了卿卿性命。这个故事同时也告诉我们：人应当对自己的能力有正确的认识，不应过高估量自己。

所以，有些事看起来简单做起来难，仅有理论知识的“两脚书橱”掉进水里如能自保岂不笑话？遗憾的是，在我们的学习和生活中，几乎随处

相关链接：君子之学也，入乎耳，箸乎心，布乎四体，形乎动静。——《荀子·劝学》

可见粤工式的人物，他们自认为可以“闭户学操舟之术”——怎样掌舵，怎样打手势，怎样摇橹，怎样张帆，怎样拉纤，讲得头头是道，但一遇到实际问题，就晕头转向，不知如何是好。这种眼高手低、好高骛远的习惯虽不至像粤工他老人家一样搭上性命，但害人害己是肯定的。青少年学生正处在人生道路的起点，思也好，习也罢，成也好，败也罢，都是为今后的人生发展积累经验，重要的是体验，在体验中增长智慧，乘风破浪！

相关链接：学向勤中得，萤窗万卷书。——勤学

年少从他爱梨栗，长成须读五车书

南山新长凤凰①雏②，眉目分明画不如。年少从③他爱梨栗，长成须读五车④书。

——王安石：《赠外孙》

注
①凤凰：古代传说中的神鸟，为百鸟之王，雄的叫凤，雌的叫凰。
②雏：指幼小的凤凰，此处是指小外孙。
③从（zòng）：放纵，放任。
④五车：形容书之多。语出《庄子·天下》："惠施多方，其书五车。"现在的成语"学富五车"就源于此。

释义

小外孙就像南山上的小凤凰一样，眉清目秀得比画上的还好看。年纪小的时候就顺着他的脾气吧，比如喜欢梨子和栗子什么的，但是年纪大些的时候就该要让他读书了。

古人很喜欢诗教，以诗勉励孩子刻苦读书，因而出了许多教育诗。王安石的《赠外孙》就是其中著名的一首。王安石是我国北宋杰出的政治家、思想家、文学家，这首诗是他写给外孙吴侔的。王安石善于用诗歌规劝别人奋发努力，有一次，他在外孙的书桌上写了一句诗："少壮不努力，

老大徒伤悲。”他外孙深受感动，从此发愤图强，学绩卓然。当然，这是后话。年幼的外孙眉清目秀，极为可爱。诗的前两句，王安石把他比作南山上新生的小凤凰，喜爱之情溢于言表。诗的后两句鼓励他多读书，“读五车书”，语言朴实无华，语重心长。

“年少从他爱梨栗，长成须读五车书”提倡的是不要压抑孩童爱玩的天性，到入学年龄再将之塑造成可用之才，这本身就是十分睿智的教育观，因为孩童之玩，不仅是一个长身体的过程，而且也是一个知识积累的过程，更是一个促进大脑皮层快速发育的过程，连周作人在《儿童杂事诗》中不也认为小孩子“但觅梨栗殊可念，不好纸墨亦寻常”吗？如果一个孩子，你让他玩他也不会玩，所能做的只会依偎在母亲的身旁，更多的时候只是呆若木鸡，那么长大了也基本不会有什么出息的。《三字经》里有“苏老泉，二十六，始奋发”的故事，说的是苏东坡的父亲苏洵幼时贪玩，疏于学业，到了26岁才知道发愤图强，不是也成为写出《六国论》这样名著的大文豪了吗？无独有偶，徐霞客小时候也不爱看书，而是喜欢到处玩乐。然而，正是儿时爱玩的天性，奠定了他日后成为一个伟大的地理学家、旅行家的基础。

现在的年轻父母，有的过怕了苦日子，有的吃够了没有知识的亏，于是他们有一个共同的夙愿，那就是望子成龙、望女成凤。在孩子一丁点儿大时，就为孩子报了这个辅导班那个练习班，他们自始至终恪守“周末、假期保证不能玩，逢年过节不保证能玩”的原则，把孩子压得喘不过气来，以为唯如此才能把孩子培养成“琴、棋、书、画”无所不能的神童。殊不知，“十年树木，百年树人”，培养孩子如同种树，要顺其天性，不能胡乱施肥，那种拔苗助长式的做法只会适得其反，弄得孩子小小年纪就戴着几百度的近视眼镜，背着偌大的书包，往返于学校与补习班之间，苦不堪言。其实，这正是不懂得科学教育孩子的体现，毕竟，童年只有一次，童年应该是快乐的，无忧无虑的。

玩是痛快的，几乎人人爱玩。但王安石对小外孙的教育也不是“活到老，玩到老”，他的放任也是有限度的，仅限于儿时，甚至当孙子还没长大成人时，他已经为他规划好了将来读书成才的“宏伟蓝图”了。“学富五车”是他对外孙的殷切期望，他不是搞强迫学习而是寓教于乐，

相关链接：不自强而功成者，天下未之有也。——《淮南子·修务训》

从培养孙子读书、学习的兴趣着手，因为他深知“知之者不如好之者，好之者不如乐之者”的道理。可以说，这种教育方法才是对晚辈最大的关心和爱护。

所以，“年少从他爱梨栗，长成须读五车书”并不意味着对孩子只是一味纵容、溺爱，听之任之。在尊重儿童，爱护他们的童真和保护他们的爱好和兴趣的同时，又要严而有格，不作无原则的妥协和让步，须知“没有规矩无以成方圆”；否则，纵容他们的坏毛病、一味迁就的溺爱，反而会让孩子不能明辨是非，不能很好地约束自己的行为，不能学会独立思考，失去自立的机会。要知道，一棵树如果从小没有修剪，决计不会长成一棵参天大树的。

相关链接：读书患不多，思义患不明。——韩愈：《劝学诗》

相关链接：无财谓之贫，学而不能行谓之病。——《庄子·让王》

心之官则思，思则得之，不思则不得也

心[1]之官[2]则思，思则得之，不思则不得也。

——《孟子·告子上》

注 ①心：古人以为心是思维器官，现指脑筋。
②官：作用。

释义

心这个器官在思考，思考才能获得，不思考便不能获得。

“心之官则思，思则得之，不思则不得也”出于《孟子·告子上》，后人则简言之“心之官则思”，作为成语在引用，意思是脑筋的作用就是思维。

东汉末年，有一位姓蔡的医生医术高明、闻名遐迩，前去拜师学艺的人几乎要踏破他家的门槛了。有一天，一个虎头虎脑的小男孩也来到蔡医生家，要拜他为师。7岁的小男孩行过见面礼之后，便规规矩矩地站在一旁静候蔡医生的吩咐。由于蔡医生只收那些智力高、有悟性的孩子为徒，于是决定先考一考他。

蔡医生把男孩叫到面前，指着庭院里的一棵桑树道：“你瞧，这棵桑树最高枝条上的叶子，人够不着，怎么才能采下桑叶来？”“用梯子呗！”小男孩脱口而出。“可我家没有梯子呀。”蔡医生说。“那我就爬上去采！”小男孩讲。“如果不准爬，你必须站在地上不动，你还能想出别的办法来吗？”蔡医生有意“为难”他一下。小男孩站在那里略加思索，突然一拍脑门，喊了一声：“有了”，便去找了根长绳子，用绳子系上一块小石头，然后来到桑树底下，使劲将石头往那最高的枝条上抛去。绳子挂住了枝头，稍一用力，最上面的枝头就垂下来了，他一伸手就把桑叶采了下来。始终站在一旁观看的蔡医生，这时高兴地点点头，说：“很好！很好!”

无巧不成书，当蔡医生和小男孩正要转身进屋时，突然身后传来小孩们高声的吵闹声，两人回头一看，原来庭院那边有两只山羊在打架，打得难解难分，几个孩子用尽了吃奶的力气想把他们拉开，可就是无济于事。于是，蔡医生对小男孩说：“你来想想办法，叫那两只羊不要打架了。”

小男孩并不着急走向山羊去拉架，而是又回到桑树底下，拔了一把鲜嫩嫩、绿油油的草，送到山羊的面前。这时，山羊打累了，肚子也饿了，看见草后自然就顾不上打架了。

蔡医生满意地说：“心之官则思，思则得之，不思则不得之。孺子可教，孺子可教也。”这个小男孩就是我国历史上德艺双馨、救人无数的汉末医学家华佗。

IBM 笔记本电脑大家一定不会陌生，中国联想集团之所以要收购它，绝不仅仅因为它是世界著名品牌，更重要的是它的“Think”（思考）精神。在全世界 IBM 管理人员的桌上，都摆着一块金属板，上面写着“Think”（思考）。这个字的精粹，是 IBM 创始人华特森创造的。有一天，寒风刺骨，天气阴沉，华特森一大早就主持了一项销售会议。会议上讨论的问题很棘手，一直进行到下午，气氛沉闷，无人发言，大家逐渐显得焦躁不安。突然，华特森在黑板上写了一个很大的“Think”，然后对大家说：“我们共同缺少的，是对每一个问题充分地去思考。别忘了，我们都是靠动脑筋赚得薪水的！”从此，“Think”成为华特森和公司的座右铭。

我们中有不少人往往是懒于思考的。他们不思考自己人生的方向是什么，让自己奋发向上的推动力是什么，提高工作、学习效率的途径是什么；尤其作为学生，他们不思考为何而学，如何学习，把老师所讲内容完完整

相关链接：鱼相忘于江湖，人相忘于道术。——《庄子·大宗师》

整地抄在笔记本上就束之高阁，好像他是一台复印机似的。他们学会了懒惰，殊不知，在今后漫漫人生路上，我们也只能“靠动脑筋赚得薪水”来养家、来发展。因此，只有思索，才能生疑解疑；只有思索，才能透彻明悟，如果一个学生长期处于无问题的状态，就说明他思考不够，学业也提高不了。大家可扪心自问：“Think，是不是也是我们共同缺少的东西呢?”

相关链接：读书之乐何处寻？数点梅花天地心。——翁森：《四时读书乐》

旧书不厌百回读

旧书[1]不厌百回读，熟读深思子自知。

——苏轼：《送安敦秀才失解西归》

注 ①旧书：经典。

释义

经典要多读，多读并且深思后个中道理自然也就知道了。

这首诗是苏轼写给一个名叫安惇的秀才的赠别诗《送安惇秀才失解西归》中的两句。因为安惇当年参加科举考试名落孙山了，苏轼想要安慰、鼓励他，希望他不要把考试的成败看得太重，相反，应当沉下心来好好读书以图重振雄风。人们常说的“百读不厌”就是出在这里。不过，今天讲“百读不厌”，往往指读到了一本好书。而且“百读不厌”常跟另一成语“爱不释手”配合着用——“百读不厌”的书我们常常会“爱不释手”；反之亦然。当然，“百读”只是“重读”“多读”的意思，并不一定真是要你去一遍接着一遍机械地读。

在苏轼看来，经典文字简短，意思深长，不妨多读，越读越玩味就越有意思。不过，虽说经典值得“百回读”，但是这里主要的还在那读书的

相关链接：业精于勤，荒于嬉；行成于思，毁于随。——韩愈：《进学解》

人，在读的同时必须作深入的思考，多动脑筋。只有这样，个中道理才会“自然而然”地理解，即所谓的“义自见”“子自知”。

东汉末年有这样一个故事：“人有从（董遇）学者，遇不肯教，而云必当先读百遍，言读书百遍而义自见。”意思是说，有人向董遇学习请教（董遇这个人对《老子》和《左传》研究颇深），他却不肯教，而是说：“一定要先读上一百遍，书读百遍，其意自明。”当然，同样的道理，董遇也只是强调多读，并非一定要读一百遍。北宋哲学家程颢有云：“外物之味，久则可厌；读书之味，愈久愈深。”一目十行地浏览浏览，虽然也能给我们留下点印象，但这种印象是零碎的、肤浅的，是过眼云烟，等到你想要用到它时，却往往怎么也记不起来。而熟读成诵的书，则变为自己的东西了，可以招之即来，运用自如。

“旧书不厌百回读，熟读深思子自知”这两句话不仅过去被看作是读书治学的金科玉律，就是在今天仍不失其借鉴意义。细细品味之下，不难发现这诗句中实际包含着“熟读”和“深思”两种读书方法。所谓“熟读”，就是要反复地阅读、诵读，当烂熟于心脱口而出时，自然也就融会贯通了，这就是为什么我们会有“书读百遍，其义自见”这种感觉的原因。古人是十分强调“熟读”的，这种读书之法虽然在一定程度上有忽视“思考”的嫌疑，但可以很好地培养学生的“感悟”，大大提高学生自读自悟的能力，而且一旦自行悟透书中的道理，便会终生难忘。从这个意义上看，熟读的过程实际就是感悟的过程。

然而，熟读毕竟只是读，感性层面上的成分要多些，“熟读”只有和“深思”有机地结合起来，才能升华为理性认识，真正成为自己的学问。孔子说“学而不思则罔，思而不学则殆”，韩愈说“行成于思，毁于随”，可见，“深思熟虑”是读书学习的一个十分重要的环节。读而不思，囫囵吞枣，是绝对读不出书中之妙处的，这个道理好比人们吃饭，如果只会狼吞虎咽，看似效率很高，不消一会儿肚子就会被填得饱饱的，但其中“酸、甜、苦、辣”的滋味何曾品得？《南史·陆澄传》记载了一个很有趣的故事：“澄当世称为硕学，读《易》三年不解文义，欲撰《宋书》竟不成。王俭戏之曰：‘陆公，书厨也。’”俗谚“两脚书橱”正是指这种“读书破万卷”，但及“伸纸落笔时”却心如乱麻、为书所累

相关链接：书山有路勤为径，学海无涯苦作舟。——韩愈：《进学解》

之人。把“两脚书橱”说得现代一点，就是顶多起到了一个电脑硬盘的储存作用而已，里面的“无数碎片”并不能产生新的思想火花。

所以，读书重在学以致用，而运用知识永远离不开思考的过程。如果没有自己的思考和体会，一味地照搬书本，会弄出不少按图索骥的笑话——千里马没有找到，却带回了一只“喜欢跳，但不能驾车”的癞蛤蟆。

相关链接：读书勤乃有，不勤腹空虚。——韩愈

知之不若行之，学至于行而止矣

不闻不若闻之[1]，闻之不若见之，见之不若知之，知之不若行之，学至于行而止[2]矣。

——《荀子·儒效》

注 ①之：代词，需要验证的道理。
②止：顶点。

释义

对待学问道理，没听到不如听到，听到不如看到，看到不如了解到，了解到不如应用。学习到了应用的地步，就到达顶点了。

重行为、重修炼，这是古代中国学习的优秀传统。王夫之说："行焉，可以得知之效也；知焉，未可以得行之效也。"在学习的整个流程里，行处于至高无上的地位。清初著名思想家颜习斋说："读得书来，口会说，笔会做，都不济事，须是身上行出，才算学问"和"不闻不若闻之，闻之不若见之，见之不若知之，知之不若行之"，实际上强调的是学以致用的重要性。不管是谁，在学校中的学习，只能"入乎耳，出乎口，流于笔”；而只有靠实践，靠实行，才能“存乎心，形乎四体”，心灵、行为才会发生改变，把自己真正锻造成才！

孔子认为，“学”是为了“行”，而且“行”是首要的，“讷于言而敏于行”强调的就是学与行的结合，要把学到的知识应用到实践中去，也就是说读书的宗旨，最核心的是学以致用。古往今来，读书能结合实际而获得真正知识的人比比皆是。春秋时期的军事家孙武，他以兵法谒见吴王阖闾，吴王在看过他的《孙子兵法》后，问他：“可以用女子操练吗？”孙武说：“可以。”吴王就派了一群宫女给他。孙武以吴王的两名宠妃为队长，并施以严峻的军法管理，起初众宫女大笑不止，孙武说：“号令不明为将之罪，明而不从是领兵官吏之罪。”由于孙武三令五申，宫女仍然嘻嘻哈哈，不听号令，因此尽管吴王求情，孙武仍依军纪将两名宠妃处死，此后宫女认真操练，队伍整齐。又经过一段时间后，孙武报告吴王说：“兵已练就，王欲用之，虽赴水火犹可。”吴王因为起用孙武，国势因此日渐强盛，而孙武因为学以致用，才得脱颖而出。

书本知识虽然是人们实践经验的总结，但是对于我们来说，它毕竟不是直接知识，没有经过自己亲身体验过的东西，而单纯从纸上获得知识就难免流于肤浅，所谓“纸上谈兵”。学习只有联系实际，自己尽可能亲自体会验证一下，认识才能由浅入深，把书本知识化为自己的血肉。有的人非常喜欢读书，读了很多书，甚至到了博览群书、皓首穷经的程度，但却变得很迂腐，到头来一事无成；有的人则虽爱书成癖、痴心不改，涉猎之宽广与理解之深刻皆令人佩服，却又偏偏忽略了运用，以至空有知识而缺乏能力，实际操作起来便一筹莫展，此不能不说是一件人生憾事。某报报道有人能背出圆周率小数点后 83 431 位，可谓“记忆超人”，这当然是好事，但如果仅仅是记住而不能应用到生活实际中并且有所创新、有所创造，又有什么意义呢？对我们来讲，重要的不是你记住了小数点后几位数字，读了多少书，学了多少知识，而是能不能将这些知识运用到实践中，有没有创造出新的物质财富和精神财富。有句名言讲“知识就是力量”，这并非把知识简单地等同于力量，而是指只有当它转化为思想、财富的时候，才能成为力量。

相对而言，读书易而实用难。“学至于行”就是要求我们能举一反三，触类旁通，必要时还能随机应变，临场发挥。“用”的真谛在于联系“实

相关链接：过而不能知，是不智也；知而不能改，是不勇也。——《易论第九》

际”，把理论与实践有机地结合起来，重视书本知识和实际能力的转换。读书的目的不是为读书，更不是为炫耀，而是为增长才干，提高技能，转化为实际能力，获得尽可能多的成果。

相关链接：少而好学，如日出之阳；壮而好学，如日中之光；老而好学，如秉烛之明。——《说苑》

君子贵才学以成身也，非以矜己也

君子贵才学以成身也，非以矜[1]己也；以济世也，非以夸人也。

——《呻吟语·问学》

注 ①矜：炫耀。

释义

君子重视才学，是用来成就自身的德性，不是拿来炫耀的；是用来济助世人，不是拿来向别人夸耀的。

古往今来，对求学求知者似乎都有一个不解之谜——求学求知所为何求？古人有云："无才无学，士之羞也；有才有学，士之忧也。"其意思就是没有才华、没有学识是读书人的耻辱，有才华、有学识则是读书人的担忧。才学，难道真的是一个"让人喜欢让人忧"的东西吗？非也！《呻吟语》说："夫才学非有之为难，降伏之难。"也就是说才学本身是没有问题的，难就难在那些读书人对它的态度。把"才学"当成是一种内涵而修身育德的是智者；把“才学”当作一件华美的外袍而用来炫耀的是愚者。

孔子被称为圣人，但是他却从没有丝毫的狂傲之态，当樊迟向他请教怎样种植好稻子时，他却让他去请教有经验的老农夫。因为他觉得，农夫对这方面了解的肯定比他要多。与之相反，明代方孝孺笔下有一个好自夸的吴士，他自诩“举世莫及，尤善谈兵”，而且“谈必推孙吴”。称王姑苏、与国朝争雄的张士诚为其夸夸美言所动，任用他为大将军，结果，他训的兵，压根儿就不会打仗。孔圣人尚忌狂傲自大，未曾料想这位吴大人却真是不知天高地厚，误人误已。

常言道：“好事多磨。”可惜做学问的人，仗着肚子里的墨水多，就使劲地“磨”给别人看却不见得是一件好事。朱元璋要求臣下写折子文字要简洁，才子刑部主事茹太素凭着自己的文字功底好，写起来总是洋洋洒洒欲罢不能。有一次朱元璋叫人念他的奏折，当念了 6 370 字后还未听到具体的建议，全是空话，天子顿时大怒，命人把茹太素找来痛打了一顿。第二天晚上，朱元璋再叫人继续读下去，读到 16 500 字以后才涉及本题，提出了五项建议，其中有四项深得皇帝首肯，便马上命令施行。同时，朱元璋指出这折子只要写 500 多字就够了，却写得这么冗长，但又承认自己厌听冗文而打了茹太素不对，并赞扬茹太素是忠臣。对茹太素来说，最终是捞回了颜面，可惜因他爱炫耀的心态惹来的一顿暴打所造成的皮肉之苦是怎么也退之不去的！不过，同是炫耀，孔乙己总是考别人茴香豆的“回”有几种写法就拙劣得多了。顺便说一句，贵为天子，能当着群臣的面承认自己的不足，当是“君子贵才学以成身”之楷模了。

著名作家张爱玲曾有个很形象的比喻：坐在电车上，抬头看前面立着的人，尽管相貌堂堂，仪表非俗的，可是鼻孔里很少是干净的。所以，不要以为自己了不得，别人可是把我们的缺点看得一清二楚。然而，许多人却在不知不觉中充当着“吴士”这样的角色。殊不知，当我们自以为是，孤芳自赏时，别人早已经跑到我们前面去了；当我们向人卖弄才学，班门弄斧时，别人很有可能就在暗暗笑话我们。而正是这种自负自傲的心态，极有可能使我们闭目塞听，拒纳别人的良言；也极有可能正是我们的自傲之举，溢夸繁饰之词，把我们排斥在功成名就之外。

世界永远没有最好的，好的东西总有可能被更好的替代，尤其在现

相关链接：君子不羞学，不羞问。——《说苑·说丛》

在这样一个竞争激烈的时代。万物总是在不停地更新，在浩瀚的知识海洋中，我们随时都有被淹没的危险，有了一点点才学，又有什么好值得骄傲、值得自夸的？在某方面有所见解，说明肚子里有了一点点“墨水”，再也不必打肿脸充胖子了，但如果以此而目空一切，自夸自傲起来，那就是“井底之蛙”了。老子说：“圣人不死，大盗不止。”粗浅地读，还以为老子是在骂圣人。不错，他的确是在骂圣人，但他骂的是那些标榜自己是圣人的圣人，因为，真正的圣人绝不会说自己是圣人的。所以，老子又说：“至人无己，神人无功，圣人无名。”

相关链接：非学无以广大，非志无以成学。——诸葛亮

相关链接：学非探其花，要自拔其根。——《留诲曹师诗》

少而不学，长无能也

少而不学，长无能也；老而不教，死无思[1]也。

——《荀子·法行》

注 ①思：思念。

释义

年少时如果不学习，长大了就没有什么才能；年老时如果不教诲别人，死了之后就没有人来怀念。

据《荀子·法行》所载，这句话为孔子所言，其全句是“君子有三思，不可不察也：少而不学，长无能也；老而不教，死无思也；有而不施，穷无与也。是故君子少思长，则学；老思死，则教；有思穷，则施也。”意思是说，为人君子，有三件必须思考的事：年少时不学习，长大后就没有什么才能；年老时不愿把所学教导他人，死后就没有晚辈怀念他；富有时不肯施舍，万一遇到穷困时，无人肯周济帮助。所以，作为君子，在年少时就要想到将来的发展，就要勤于学习；年老时要想到死后是否让人怀念，就要把所学传授他人；富有时要想到万一遇到穷困时，就要会施舍、付出。明眼人一眼就可以看出，无论君子或是年少、年老，都要“学”字当头——不仅要学知识，更要学做人。

春秋战国时期，尽管中原大地上战火纷飞，战事连连，但在思想上却出现“百家争鸣”的盛况，在教育上，“私学”涌现，诸子争相为学施教，平民百姓也都积极地读书求学。求学及育人，在当时可以说是成为一种风尚。孔子此说，正是他对学习和教育的独特理解。

“学”是每个有识之士获取知识、培养品德、陶冶性情、施展抱负的一条必经之途。孔子在这里说年少时不学习，长大了就没有才能，显然，孔子强调的是年少时期学习的重要性，正所谓“青春年少正是读书好时光”。因为学习是一个漫长的，循序渐进的过程，才学则是靠知识的点滴积累并且逐步消化而形成的一种内在素质。少而好学，如李冰，他自小便饱读书籍，研习天文地理，终给后人留下了闻名于世的都江堰；如班固，在父亲的影响下，几岁的时候就开始苦攻文学和历史，后写下了不朽的《汉书》；如王羲之，他 6 岁时便偷练父亲的家传书法，终成大家；如蔡文姬，她 6 岁时便知晓音律，长大后成为一大才女。少而不学，即使天资聪慧、高人一等的神童，却也终因恃才自傲，停滞不前，成为庸人，与草木同朽。

“教”在孔子看来尤为重要，只学不教，非君子之道。这里，我们不能把孔子所说的“教”简单地理解为只是为了达到“死而有思”这个目的；否则，不免有点局限化、功利化，离圣人的思想差得也太远了点儿。以墨家的“有道者劝以教人”而言，“教”是“有道者”的一种社会责任，也是伦理道德所提倡的。孟子更是把老师的重要性与国君并列，与国家的前途和命运联系在一起了。他说“君师者，治之本也”，又说：“国将兴，必贵师而重傅……国将衰，必贱师而轻傅。”可见，他说的“教”就远超过“死而有思”的境界了。“教”，是在为社会付出，是一种高尚的奉献。老者把自己的经验告诉给年轻人，把自己在生活中摸索的治世修身之道传授给他们，使他们传承老一辈的知识智慧，谨记前人的经验教训，少走弯路，免走歧途，而在前人所探得的路上更进一步。如果为学者肯学，孜孜不倦地向人求教，教者愿教，竭其所能，倾囊以授，那么，还用担心不会“青出于蓝而胜于蓝”“长江后浪推前浪”吗？人类社会不就是这样踏着前人的足迹一步一步走到今天的吗？

虽然“闻道有先后，术业有专攻”，但学问无关乎年龄、资历。年长，

相关链接：不是虚心岂得贤。——《题武侯祠诗》

并不代表智慧，并非任何方面都有过人之处，用不着倚老卖老；年轻，也不等同于肤浅，不一定得唯老者是从。学而不厌、诲人不倦，活到老、学到老的人才是令人刮目相看的智者；敢于向权威说“不”的人才是真正的强者。

相关链接：勤学如春起之苗，不见其增，日有所长；辍学如磨刀之石，不见其损，日有所亏。——陶渊明

敏于事而慎于言

食无求饱，居无求安，敏于事而慎于言，就[1]有道[2]而正[3]焉。可谓好学也已。

——《论语·学而》

注 ①就：接近。
②有道：指有道德或有才艺的人。
③正：匡正。

释义

吃饭不要求饱足，居住不追求安逸，办事敏捷并且说话谨慎，到有道德的人那里去匡正自己。这样可以说是好学了。

“敏于事而慎于言”是孔子价值观的一大理念。在孔子看来，一个人不应该过多地讲求自己的物质生活，而应该做事勤劳敏捷，说话谨慎小心，同时请教有道德的人对自己的言行加以匡正，把注意力放在塑造自己的道德品质上，从而做到轻利益，重道义；轻物欲，重品质；轻享受，重学习；轻外部条件，重内在涵养。

人的一生，物质追求和感官享受终究是外在的，构不成人生的深层意义。过分追求奢华的物质享受，只会导致一生紧张而碌碌无所得，精神的升华却会呈现心灵的安宁与人生的价值。人生的无限宽广，就是从这精神世界的深度而不是物欲的泛度来讲的。安逸容易使人产生惰性，不思进取，从而失去人生目标，“死于安乐”这是人性的弱点。相反，“废寝忘食”却往往能成就一个人充实的人生。不求饱，不求安，之后要做的事便是“敏于事而慎于言，就有道而正焉”。“敏于事”包括了一切责任，一切应该做的事，要敏捷——马上做；但“慎于言”不等同于保守怕事，是指不能信口开河，

相关链接：非淡泊无以明志，非宁静无以致远。——诸葛亮：《诫子书》

是一种稳重的学习和工作态度，它要求我们三思而后行、而后说，要么不说，一旦开口就要有分量、有目的、有重点。“敏于事而慎于言”告诫人们，一个有修养、有道德的人应该对自己的言行负责，所以，在“言”“行”之前都要深思熟虑，切不可凭一时冲动而鲁莽行事。

俗话说：“良田万顷，不过夜眠三尺；家财万贯，不过一日三餐。”人活着，当然离不开“食”，离不开“居”，但人不是为了吃饭睡觉而活着。人需要学一点东西，干一番事业，追求人格的修炼和道德的提升，去实现自己的人生价值。子曰：“饱食终日，无所用心，难矣哉！”意思是说如果一个人一天到晚吃饱喝足，却不用心思不干事，那就很难办了。“食无求饱，居无求安，敏于事而慎于言”并不是说孔夫子有多么古板，其本意并非“小富即安”，更没有把人们追求更好的“物质生活”视为罪过，而只是揭示了一个重要的道理——物质追求和感官享受终有限，而精神的升华才是人生的更高追求。当然，也不要把物质和精神对立起来，而是要把握好尺度。这样，人生才会显得无限宽裕。

学问，只有学之而正己行，时时修正自己的行为，做到“知行合一”，才是真正的学问，才是人生进步与升华之路。“敏于事而慎于言”，不仅是生活的智慧，也是学习的智慧，更是获得精神满足、实现人生价值的智慧。

相关链接：人之能为人，由腹有诗经。——韩愈

有恒

学习没有终南捷径，“一日暴之，十日寒之，未有能生者也”。只有“不畏艰险沿着崎岖山路向上攀登的人，才能达到光辉的顶点”，是谓“学贵有恒”。

相关链接：通乎己之不足，则不与外物争矣。——《吕氏春秋·谨听》

子入太庙，每事问

子入太庙①，每事问。或曰："孰谓鄹②人之子知礼乎？入太庙，每事问。"子闻之曰："是礼也。"

——《论语·八佾》

注 ①太庙：开国之君叫太祖，太祖的庙叫太庙。周公是西周鲁国最初的受封之君，所以这里的庙就是周公旦庙。

②鄹（zōu）：春秋时鲁国地名，又写作"陬"，今山东曲阜附近。"鄹人之子"指的就是孔子。孔子之父叔梁纥居于鄹邑，故称孔子为"鄹人之子"，或谓叔梁纥为鄹大夫。

释义

孔子来到周公庙，每一件事都问。有人就说："谁说叔梁纥的儿子懂礼数呢？他来到周公庙里，什么事都问。"孔子听到这话说："这正是礼啊！"

太庙，里面陈列着许多文物古器，还经常举行祭祀活动，在这里可以了解历史和有关的典章制度。有一次，孔子进入太庙后，就下工夫认真考察，对每一件不明白的事都向别人请教。活动结束后，他还拉着别人的衣袖继续问，因此受到别人的嘲笑。孔子一生是一个善于请教问题的人，不懂就问，哪怕受到别人的误解甚至是嘲笑，也不改初衷。正是这种虚心好学的态度才使孔子成为"万世师表"。

“学问”是由“学”和“问”两层意思组合而成的，只学不问或只问不学都是不对的，所谓“学而不思则罔，思而不学则殆”。问是一个思考的过程，是对所学知识进行消化、吸收、巩固和提高的过程，同时，也是一个创新的过程。诗人屈原著书19本，其中第三本《天问》中有一句：“九天之际，安放安属？隅隈多有，谁知其数”十分让人钦佩。古时候人们认为天是圆的，地是方的。但屈原觉得这个结论有点不符合逻辑，于是就在诗中问：“九天之际，安放安属？”即如果天是圆的，地是方的，那么，天跟地交界的地方谁住在那里？那里又是属于谁的呢？那里肯定是一个很奇怪的地方，为什么？因为那里是个“隅隈多有，谁知其数”的地方嘛——也就是说，天地相连处岂不要切成很多很多尖角，弯来弯去的，谁知道它的数目是多

相关链接：圣人生于疾学，不疾学而能为魁士、名人者，未之有也。——《吕氏春秋·劝学》

少？如果是那样的话，那么，诗人认为“那里肯定是个神仙和人都不想住的地方”。然而，这显然又是不可能（被切成这样）的，所以诗人得出了“地也应该是圆的”的结论。尽管这一结论是诗人纯粹用逻辑方法把它推出来的，但经他这一问，问出了在西方直到16世纪才有的科学论断，整整提前近一千年！

著名教育家陶行知弘扬了孔子的教育精神，写了一首《每事问》：“发明千千万，起点在一问。禽兽不如人，过在不会问。智者问的巧，愚者问的笨。人力胜天工，只在每事问。”他还特地作了一首《问到底》，鼓励学生打破沙锅问到底：“天地是个闷葫芦，闷葫芦里有妙理。您不问它您怕它，它一被问它怕您。您若愿意问问看，一问直须问到底。”实际上，世界上所有的创造发明都是从提问开始的，如：指南针为什么会指南？火药为什么能爆炸？如何能预测地震？从某个角度说，人类今天的文明就是“问”出来的。

“寸有所长，尺有所短”，一个人的学识无论有多么渊博，总有不懂的事情，不擅长的东西，不懂就要问，不擅长就要虚怀若谷。也许，你问的所有问题，不一定个个都有一个满意的答案。但是，只要你不断地问，总会得到这样或那样的启迪的；如果你从来都不去问，问题就会越积越多，永远获得不了进步。

相关链接：业精于勤，荒于嬉；行成于思，毁于随。——韩愈

锲而不舍，金石可镂

锲[1]而舍之，朽木不折；锲而不舍，金石可镂。

——《荀子·劝学》

注 ①锲：镂刻。

释义

刻几下就停下来了，腐烂的木头也刻不断；不停地刻下去，金石也能雕刻成功。意即要持之以恒而不能半途而废，要目标专一而不能三心二意。

这是荀子《劝学》中的名句，千古流传。无论是做学问还是干事业，贵在持之以恒,贵在数年、十数年乃至数十年如一日地刻苦钻研；一日暴之，十日寒之是决计干不出事业来的。

据《潜确类书》记载，李白幼年时也和我们儿时一样，觉得读书枯燥乏味，就逃学出去玩。有一天，他偶遇一位老妈妈正在磨着一根粗大的铁棒，便好奇地问："老妈妈，您这是在做什么呀？""磨针。"老妈妈头也没抬，认真地磨着。他又问："老妈妈，针是非常非常细小的，而这可是一根粗铁棒呀！"老妈妈说："是的，要把它磨成针的确很困难，可是只要坚持，

总有一天会磨成针的！”李白听罢深感惭愧，拔腿便跑回书房苦读起来，终成一代“诗仙”。有人说李白是天才，其实，就算真是天才，如果离开了他的几十年如一日的寒窗苦读，他尽管还是可以叫“李白”，但肯定不能叫“诗仙”。

浅尝辄止、抱着尝试的心理，是那些永远也不会成功之人的愚蠢做法。蒲松龄几次赴考都名落孙山，便放弃科举考试，立志著文。为了激励自己奋发写作，他给自己刻下一副对联：有志者，事竟成，破釜沉舟，百二秦关终属楚；苦心人，天不负，卧薪尝胆，三千越甲可吞吴。从此，他便埋头撰书二十多年，终于完成了《聊斋志异》，为我国古典文学树起一块丰碑。无独有偶，司马迁在受尽屈辱的同时，更加发愤著书，十几年笔耕不辍，终于留下了名震中外的文化遗产《史记》。他们所依靠的不就是锲而不舍这一精神吗？而我们有些人做事犹如小猫钓鱼，看到区区一纸油画的价钱够他花上几辈子便眼红起来，就想学绘画；看到指挥家手舞足蹈、风度翩翩便兴奋起来，就想改行学指挥；看到人家一曲下来被众星捧月般的名利双收便激动起来，就想专攻唱歌……见异思迁，最终一事无成。

也许，还有人会说：“谁愿意见异思迁啊？只是我这样的工作实在太平凡，难以做出什么成就来。”乍听起来似乎不无道理，但稍作深究，便原形毕露了。试问，有哪一种伟大不是从平凡中脱胎而来的呢？淘大粪这个工作平凡不平凡？但当年的山东人时传祥硬是在这个岗位上干出了一番事业，不仅当上了全国劳动模范，还得到了时任国家主席刘少奇的接见。刘主席亲切地握着他的手说：“你淘大粪是人民勤务员，我当主席也是人民勤务员，这只是革命分工不同。”的确，伟大和平凡只是一纸之隔，通过锲而不舍的努力，我们可以将平凡变成伟大！

值得一提的是，并不是只要付出了锲而不舍的努力，就一定会有好的结果，这里，树立正确的人生目标是十分关键的。兰州杨姓女孩为了实现自己的人生“目标”——见到偶像刘德华，她毅然放弃了工作，全身心地踏上了漫漫追星路。她十三年如一日，不可谓不“锲而不舍”。其间耗尽家财，穷得其父曾想卖肾度日，但杨姑娘大有“衣带渐宽终不悔”的“大女子”气概，终于熬到了能在香港与华仔“零距离”四目相对，其父终因不堪忍受女儿如此狂热的追星行动而向大海纵身一跳，给美丽

相关链接：吾尝终日而思焉，不如须臾之所学也。——《荀子·劝学》

的维多利亚港湾平添了几分反思。

试想，李嘉诚从一个穷孩子成为亚洲最佳商人，霍英东从商人成为全国政协副主席，曾宪梓则从靠卖妻子手工缝制的领带为生到成为商界爱国巨子……如果只懂聚财而没有正确的人生目标，那么，他们的“锲而不舍”留给我们的只是徒有铜臭罢了！

相关链接：为学正如撑上水船，一篙不可放缓。——秦观

学而不厌，诲人不倦

默而识[1]之，学而不厌[2]，诲人不倦，何有于我哉？

——《论语·述而》

注

①识：通志。

②厌：满足。

释义

默默地记住所学的知识，学习而不满足，教诲别人不知道疲倦，这对我有什么困难呢？也有解释为“在我身上有什么呢？”

作为“万世师表”的孔子，其师德之伟大首先表现在“学而不厌”和“诲人不倦”。他不仅热爱学习，而且也热爱教育，他曾说：“圣则吾不能，吾学不厌而教不倦也。”孔子不承认自己是“圣”，但从不否认自己是个“学不厌而教不倦”的人，甚至以此为荣。在孔子看来，学而不厌和诲人不倦是教师应当具备的两种重要品质。“学而不厌”体现着教师内心的开放、自强不息和不断进取，而“诲人不倦”则体现着教师的爱心、耐心和敬业精神。

教师是教育人的人，是“人类灵魂的工程师”，肩负着“传道、授业、解惑”之重任，要尽“诲人不倦”之职责。但是，欲使人昭昭，必先自己昭昭，那就要学而不厌，唯其学而不厌才能诲人不倦，才能达到“给学生一碗水,自己要有一桶水”的境界，教起来才会得心应手，收放自如。尤其是新时期的学生，他们思维敏捷、接受信息面广，再加上求知欲很强，这些都使得老师即便有“一桶水”也变得不够用了，而应该有“活水源”，这就要求教师必须像海绵吸水一样不断汲取新知识，以适应时代的需要；否则，知识贫乏，腹中空空，诲人不倦就失去了前提和资本，只能是些喋喋不休的唠叨和空洞的说教，最终落得个教师“教得很辛苦”，学生却“学得很痛苦”的结局。

“诲人不倦”就是乐教和善教，蕴含着教师的爱心和耐心，是教师最宝贵的品格和最崇高的境界所在。孔子可谓“乐教”的典范，他“有教无类”且毫无保留，无论遇到什么困难，他都坚持教学，晚年也没有停止传授，把“仁者爱人”的精神全部倾注在学生身上，即便是一个品德恶劣的学生，他也不会放弃说服教育，而是耐心诱导，造就成才。子路就曾被人视为庸才一个，并且侮辱过孔子，但是孔子经过努力硬是把他塑造成一个大贤人，这不正是“乐教”的结果吗？如果说“乐教”体现的是教师的爱心，那么“善教”就是涉及“教育艺术”了。面对学习成绩一时较差的学生、目前学习较为费劲的学生、贪玩而又调皮捣蛋的学生……诸如此类，如果教师对之一味地训斥和挖苦，除了伤害了他们的感情和使他们耳根的老茧会更厚以外，不会再有其他的功能了，弄不好还会毁了他们。此时，需要我们去做的是摒弃那种“朽木不可雕”的消极态度，认真研究“诲”的方法，创新“诲”的途径，更新“诲”的内容，实现“诲”的最佳效果。只有这样的“诲人不倦”才是受欢迎的，才能培养出素质高、能力强的学生来。

“学而不厌”和“诲人不倦”之间是教学相长的关系，不能片面地强调了一个方面而忽视了另一个方面。有这样一件事，说的是一位有30年教龄的历史教师上了一节公开课。课上得非常出色，听课的人都入了迷，凝神屏息，竟然连做记录也忘记了。课后，有人问这位教师花了多少时间来备这节课。他回答说：“对这节课，我准备了一辈子。而且，总的来说，对每一节课，我都是用终生的时间来备的。”这位老师实际上指出“学而不厌”与“诲人不倦”是一个学与教之间的互动关系。备课是一个学习过程，而在课堂上教的过程中又发现了新的问题，需要在下次讲课中改正、完善，

相关链接：莫等闲，白了少年头，空悲切。——岳飞：《满江红》

周而复始。对此，《学记》中也有精辟的表达："学然后知不足，教然后知困。知不足，然后能自反也；知困，然后能自强也。故曰：教学相长。" 所以说，学与诲两者相互依存，相互促进，"学"因为"诲"而日进，而日深；"诲"因为"学"而益精，而益新。

相关链接：读书治学，只有苦功，而无捷径。——刘叶秋

相关链接：智所以相过，以其长见与短见也。今之于古也，犹古之于后世也；今之于后世亦犹今之于古也。故审今可知古，知古则可知后，古今前后一也。——《吕氏春秋·长见》

士不厌学，故能成其圣

海不辞水，故能成[1]其大；山不辞[2]土石，故能成其高；明主不厌人，故能成其众；士不厌学，故能成其圣。

——《管子·形势解》

注 ①成：成就。
②辞：拒绝。

释义

大海不拒绝各种各样的水，所以才能成就它的博大；大山不拒绝形形色色的土石，所以才能成就它的高耸；贤明的君主不会讨厌支持他的人，所以才会有很多人支持他；饱学之士不会讨厌学习，所以才能成为圣人。

《管子》是中国古代的一部综合巨制，书中蕴含着丰富的政治、经济、军事、教育、哲学、社会及自然科学方面的思想内容，素有“论高文奇”之赞。《管子》一书相传为管仲所作。管仲是春秋时期著名的政治家、经济学家、军事家，也是一位卓越的改革家，辅佐齐桓公“九合诸侯，一匡天下”，成为春秋五霸之首。“海不辞水”“山不辞土石”，磅礴的意象和豪放的气势在他笔下流转，恍惚间，为我们凸现出一个感恩知报的管仲。

因为，相传管仲曾用箭射齐桓公，但后来齐桓公不但不计前嫌，还尊管仲为相。细细品味这段话，不仅可以体会出管仲对博大胸襟气度的颂扬，更能看出他对谦虚好学的学习态度的褒赞。

管仲用这段富有深刻哲理的话告诫人们，要做大学问，成大器，就要虚怀若谷，好学不倦，博采众长，兼收并蓄；力戒骄傲自大，故步自封。同时，知识浩如烟海，零星细碎如同沙滩上的贝壳，需要学子一片一片地捡，一点一点地积累，捡得最多的人，往往学到的也最多。管子的这句话就是从这两个层次出发激励后来的学者不断求索的。古往今来大凡有所成就的人都很谦虚好学，虚怀若谷。圣人孔子说过，“三人行，

相关链接：物莫不有长，莫不有短。人亦然。故善学者，假人之长以补其短。故假人者遂有天下。——《吕氏春秋·用众》

必有我师焉。”李时珍在写《本草纲目》时，曾经谦虚地向农民、樵夫请教，收集民间药方。经过 27 年的努力，参考了 800 多种著作，三易其稿，才编成了《本草纲目》。可见，成功并不是一蹴而就的，更不是轻而易举的，仅凭个人天生的才智，还远远不够。每个渴望成功的人都应该以大海的胸襟和高山的气度，虚心求教，点滴积累。

学习的过程实际上是点滴知识积累的过程，知识的积累贵在坚持。刚开始学到的知识犹如一条涓涓细流，唯有不断地与其他的小溪汇聚、交融，才能够壮大自己，日积月累，终有一天头脑会成为浩瀚的知识海洋。《老子》有云：“合抱之木，生于毫末；九层之台，起于垒土；千里之行，始于足下。”这和管仲的这段话有异曲同工之妙。说的是，合抱的粗木，是从细如针毫的嫩芽长起来的；九层的高台，是一筐土一筐土筑起来的；千里的行程，是一步又一步迈出来的。万事万物都是起于细微的，当量的积累达到一定程度时又必然会引起质变！唐朝“鬼才”诗人李贺，他的成功就在于积累。为了搜集素材，他早上背上锦囊，骑着毛驴，外出游历，观察生活，一有灵感便记在纸上，放于锦囊中。一天下来回到家中，将锦囊中积累的纸条拿出，在灯下整理、选择，将有用的纸条再存入另一个锦囊中供以后写作用。在长期的坚持下，他终于成为一位令人景仰的诗学大师。

鲁迅说过：“无论什么人，如果不断收集材料，积之十年，总可成一学者。”一个不曾停止学习的脚步，持之以恒的人，总能够达到学术的至高境界，成为一代圣贤的。让我们不放弃学习的点滴机会，追随时间的脚步努力积累知识吧！终有一天，成功会属于每一位真正有恒心的好学者。

相关链接：一日不读书，胸臆无佳想。——萧抡谓：《读书有所见作》

人有知学，则有力矣

人有知[1]学[2]，则有力[3]矣。

——王充：《论衡·效力》

注
①知：知识。
②学：学问。
③力：能力。

释义

人有了知识学问，就有了能力。

王充这句格言所要说明的是知识的重要性，强调知识的作用和力量，并且道出了知识与能力的关系。王充认为，一个人才能的大小，是与他的知识学问成正比的。《论衡·别通》中说："倮虫三百，人之为长，天地之性，人为贵，贵其识知也。"在王充看来，是否有"识知"是区别人与动物的根本标志。如果没有"识知"这个标志，则"人与三百倮虫何以异？"

知识不仅使人轻而易举地成了万物之灵，而且拥有渊博的知识还会使人拥有更加智慧的人生，达到更高一层的人生境界。王充以汉初开国大臣萧何、樊哙、郦食其三人的不同作用具体说明了"知为力"的道理。

相关链接：人之进学在于思，思则能知是与非。——朱熹：《四书集注·论语集注》

萧何、樊哙、郦食其都是刘邦军中的宿将，当起义军攻克咸阳后，其他将领都争金觅帛，唯独萧何等人安坐掇书，研究秦国的律令图书，从而“坐知秦之形势”，然后帮助高祖制定正确的政策，使刘汉得以强盛。王充进而从这些具体事实中得出一个普遍性的结论：“知夫筋骨之力，不如仁义之力。”也就是说，相比之下，智力比体力更重要，这倒似乎又应了“劳心者治人，劳力者治于人”的说法，当然，我们对这句话应去其糟粕，取其精华，虽然这是后话，但以智取胜的故事，从古至今，倒是不胜枚举。

相关链接：我非生而知之者，好古，敏以求之者也。——《论语·述而》

知识的力量是巨大的，是知识成就了一位位时代巨人。圣人孔子求师的故事广为流传，正如他所说的“三人行，必有我师”。王充也是一个酷爱读书的人，据范晔《后汉书·王充传》记载：王充自幼喜读书，好博览，然家贫无书，他就常到洛阳市肆上阅读书摊上的书，并且很快记下所看的内容。也正是由于他从小好学，善于积累知识，后来才能够成为一位伟大的思想家、哲学家。既然知识如此重要，如此有魔力，那么，我们还有什么理由不发奋学习、善于学习，把学习当成人生使命呢？

“人有知学，则有力矣”与我们今天所讲的“知识就是力量”是一脉相承的，虽然这之间相隔了足足一千五百多年，看来人类智者的心灵总是相通、跨越时空的。人类历来就很看重知识，崇拜知识的力量。记得有一位名人说过：“只有知识才是力量，只有知识才能使我们诚实地爱人，尊重人的劳动，由衷地赞赏无间断的伟大劳动的美好果实；只有知识才能使我们成为具有坚强精神的、诚实的、有理性的人。”因此，知识不仅能够给我们以驾驭时事的力量，还可以给我们无形的人格力量。

现代文明愈是高速发展，知识愈是人类最强有力的力量源泉。今天，人们对知识的重视程度是过去一切时代都无可比拟的。我们重视教育，尊重知识，甚至还兴起了知识经济的浪潮。知识已经并将继续以其强大的力量推动着人类社会的发展。因此，在我们牢记王充的这句格言的同时，还要时刻勉励自己多学知识，用知识来不断提高自我，完善自我。

相关链接：一月不读书，耳目失清爽。——萧抡谓：《读书有所见作》

相关链接：实不喻然后命，命不喻然后期，期不喻然后说，说不喻然后辨，故期、命、辨、说也者，用之大文也。——《荀子·正名》

学如逆水行舟，不进则退

学如逆水行舟[①]，不进则退[②]。

——《增广贤文》

注 ①舟：小船。
②退：后退。

释义

学习就像船在逆水中行走，如果不努力向前，就会后退。

这是选自《增广贤文》中的一句名言警句，许多人曾把它铭记于心，以它来勉励自己读书学习，使自己在知识智慧的海洋里不断地前进。

“逆水行舟”一个“逆”字，足可见“学”的艰辛。学习并不像吃喝玩乐那样轻松惬意，相反，很大程度上讲，它是件相当煎熬人的苦差事。明代宋濂在他的《送东阳马生序》中写道：“余幼时即嗜书，家贫，无从至书以观，每假借于藏书之家，手自笔录，计日以还，天大寒，砚冰坚，手指不可屈伸。”他自己无书可读，借别人的书，还要不断地记笔记，在寒冷的天气里，因为读书，手都冻得不能屈伸。这就是一个读书人的读书经历。

“宝剑锋从磨砺出，梅花香自苦寒来。”任何一个有着辉煌成就的人，

无一不是通过刻苦学习才获得成功的。东晋大书法家王羲之自幼苦练书法。他每次写完字，都到自家门前的池塘里洗毛笔，时间长了，一池清水变成了一池墨水。后来，人们就把这个池塘称为“墨池”。王羲之通过勤学苦练，终于成为著名的大书法家，被人们称为“书圣”。如果你从小就有着非常聪明的头脑，可仗着自己有这么一个与众不同的优点而不去努力学习，最后也不会比普通人强到哪儿。

逆水行舟，贵在坚持。悬梁刺股、映雪囊萤，在“苦境”中苦苦煎

相关链接：学业之充实，道德之崇高，皆由积累而至。——《周易程氏传》

熬过的读书人不在少数，但为什么能在历史留名册上灼灼发光的却也屈指可数呢？究其原因，是他们之中不少人知难而退了，还有不少人，在曾有的荣耀和赞美中停滞了。知难而退者如山林小雀，还未等到见过大海那天，就被历史的海浪卷没在深水之中，无声无息了。“学不可以已”，学习，怎能不进反退？求知之路是那样的崎岖不平，不能因小小的失败和挫折灰心丧气，在艰难的求知之途上早早地趴下屈服；当然，求知途中偶尔也会有一点美丽的风景，取得一点小小的成就，我们不能因此沾沾自喜，忘乎所以。在学习上能有所突破的人，一定是那些看轻一切虚名的人，真正有所为的人是不会在崎岖的道路上唉声叹气的，也不会在安逸中做着自己的黄粱美梦。要想远离平庸，你就不能停止学习。

终身学习是21世纪的生存概念。在经济全球化、社会信息化、知识网络化的今天，科技日新月异，知识更新加快，原有的知识快速折旧，新的知识汹涌而至，曾经被认为是“好的”，终有被贬为“不好”的时候，曾经备受推崇的东西，终有被淘汰的命运。成就与荣耀，过去的只是过去的，现在的，终也会成为过去，只有将来的，它才是我们所期盼的。如果不抓紧学习，更新知识，思想就会落后，观念就会滞后，就会失去竞争力和创造力。学习既是一种储备，更是一种投资，就像人体需要补充维生素以及钙、铁、锌、硒等微量元素一样，如果不及时充电、加油，自身的能量就会耗尽。如果放弃学习就等于放弃追求和进步，就不会有所作为和建树。

现代社会，知识的广阔性超乎我们的想象，“学海无涯”而“生有涯”，如果停滞不前，那么，总有一天，我们的学问之舟将被时代的浪潮掀翻，被弃之大海。

相关链接：读书如树木，不可求骤长。——法式善：《读书》

相关链接：学，必务进业，心则无营。——《吕氏春秋·尊师》

废学如断织

废[1]学如断织[2]。

——刘向：《列女传》

注 ①废：废弃。
②断织：把织好的布割断，喻指辍学。

释义

废弃学业就等于好像把织了一半的布割断一样。

刘向撰写的《列女传》，专门记载古代贤德妇女的事迹，其目的是宣扬封建伦理道德。不过，孟母断织的故事却形象地说明了学业不能半途而废的道理，具有很好的警世意义。

孟子3岁丧父，靠母亲教养长大成人。孟母不只是小心翼翼地注意儿子的起居冷暖，更是不厌其烦地以“言传”和“身教”来完善儿子的人格。孟子具有天生的灵性与慧根，但也有一般幼童共有的贪玩心理。最初孟子对学习很有兴趣，时间一长就厌烦了，经常逃学。孟母知道后非常生气，拿起刀来，当着孟子的面把织布机上的经线割断。就在孟子惊愕不解时，孟母说道：“你的废学，就像我割断织布机上的线。这布是一丝一线织起来的，现在割断了线，布就无法织成。君子求学是为了成就功名，博学多问才能增加智慧。你经常逃学怎么能成为有用之才呢？你今天不刻苦读书，而是惰于修身养德，今后就不可能远离祸患，只做一些蝇营狗苟的事，将来就算你不做强盗，也会沦为厮役！”“断织喻学”的一幕在孟子小小的心灵中留下了既惊且惧的鲜明印象，孟子从此旦夕勤学，终于成为我国历史上的儒学大师。

无独有偶，《三国志·蜀志·诸葛亮传》也有“断织喻学”的故事，寓意深刻：“羊子尝行路，得遗金一饼，还以与妻。妻曰：‘妾闻志士不饮盗泉之水，廉者不受嗟来之食，况拾遗求利以污其行乎！’羊子大惭，乃捐金于野，而远寻师学。”意思是说乐羊子在路上行走时，捡到一块别人丢失的金饼，拿回家把它交给了妻子。妻子说：“我听说有志气的人不喝‘盗泉’之水，廉洁方正的人不接受他人傲慢侮辱地施舍的食物，何况是捡拾

相关链接：人君人亲不得其所欲，人子人臣不得其所愿，此生于不知理义。不知理义，生于不学。——《吕氏春秋·劝学》

别人的失物、谋求私利来玷污自己的品德呢!”乐羊子听后十分惭愧，就把金子扔弃到野外，然后远远地出外拜师求学去了。一年后乐羊子回到家中，妻子跪身问他回来的缘故。乐羊子说：“出行在外久了，心中想念家人，没有别的特殊的事情。”妻子听后，就拿起刀来快步走到织机前说道：“这些丝织品都是从蚕茧中生出，又在织机上织成。一根丝一根丝地积累起来，才达到一寸长，一寸一寸地积累，才能成丈成匹。现在如果割断这些正在织着的丝织品，那就会丢弃成功的机会，迟延荒废时光。您要积累学问，就应当‘每天都学到自己不懂的东西’，用来成就自己的美德；如果中途就回来了，那同切断这丝织品又有什么不同呢?”乐羊子被他妻子的话感动了，又回去修完了自己的学业，“遂七年不反”。

孟母用“断织”来警喻“辍学”，指出做事必须要有恒心，一旦认准目标，就不会为外界所干扰。半途而废，后果是十分严重的。“昔孟母，择邻处，子不学，断机杼”，而今越来越多的年轻父母口诵“三字经”，重走当年孟母三迁之路，寻觅断机教子故事的源头，体悟着这位伟大母亲的教子情怀。应当说，孟母在教育方面的确有其高明和独到之处。

“花有重开日，人无再少年”，对于我们青少年学生来说，要抓住一生中最适宜学习的大好时光，努力学习各种知识，为将来走上充满竞争的社会作好铺垫；机会不会总是垂青于某一个人，如果年轻时学习半途而废、虎头蛇尾，则无异于断织于机，葬送了获得成功的大好机会，必将铸成终生悔恨。牢固树立“废学如断织”意识，将受益终身!

相关链接：既耕亦已种，时还读我书。——陶渊明：《读山海经》

人不读书，其犹夜行

清河[1]叹[2]曰："人不读书，其犹[3]夜行；二毛之叟[4]，不如白面[5]书生。"

——段成式：《酉阳杂俎》

注
①清河：北魏清河王。
②叹：叹息。
③犹：像。
④二毛之叟：指白发苍苍的老人。
⑤白面：年轻。

释义

清河王叹息说："人不读书，就像夜间走路一样容易迷失方向；如果不勤读书，白发苍苍的老人反而没有年轻的书生懂的东西多。"

这句劝学的名言出自《酉阳杂俎》里的一个小故事：北魏袁翻有一次设宴，在宴会上和清河王聊天的时候，有话不方便直说，就在每一句话中都引用典故，听得清河王一头雾水，回去后不得不向主簿房叔道询问，当他明白了以后，不禁感慨："人不经常读书真是不行啊，就像夜里迷了路

相关链接：百川赴海返潮易，一叶报秋归树难。——鲍溶：《始见二毛》

一样，我这样一大把年纪的老头，竟然不如袁翻那样的白面书生了！”这个故事不禁让人感慨读书的重要性，并且告诉我们读书是一个持之以恒、坚持不懈的过程，正所谓“活到老，学到老”。

人不能不读书。书是智慧的源泉，朱熹说，“问渠哪得清如许，为有源头活水来”，这“活水”就来源于读书。曾经有一位著名的历史学家说，如果有人要我当最伟大的国王，一辈子住在宫殿里，有花园、佳肴、美酒、大马车、华丽的衣服和成百的仆人，条件是不允许我读书，那么我绝不当国王。我宁愿做一个穷人，住在藏书很多的阁楼里，也不愿意当一个不能读书的国王。可见，对一个有思想、有追求的人来说，他可以没有金钱和权利，但是不能愚昧无知地苟且一生。

读书是无止境的。宋代的大文豪苏轼年轻时自以为已无书不读，没有他不知道的道理，便书一联：“识遍天下字，读尽人间书。”后经一老翁批评指正，他才恍然大悟自己欠缺的还很多，于是改成：“发奋识遍天下字，立志读尽人间书。”“发奋”也好，“立志”也罢，实际上，无论是谁，即使穷尽一生也不能读遍人间书，识尽天下理。苏轼尚且如此，更何况我们这些芸芸众生了。

“二毛之叟，不如白面书生”，这是须发斑白的老者之悲哀。读书要趁早，正所谓“黑发不知勤学早，白首方恨读书迟”。倘若年轻时不读书，甘心愚昧，年老时即使悔恨了，也只是徒增伤悲，因为再也没有精力去读多少书了。古往今来传唱了多少才子年少勤奋苦读的故事啊！晋人孙康，家贫而酷爱读书，夜晚因买不起灯油，只好默默地回忆，消化白天学过的知识。有年冬天，他半夜醒来，感到屋内并非漆黑无光，还能隐隐约约看到一些东西，原来是皑皑白雪反映所致，这给了他启发：何不借雪光来看书呢？于是雪夜，特别是月光映照下的雪夜，就成了孙康苦读的“美好”时光。由于勤奋好学，他终于成为一个大学问家，并当上了御史大夫；汉代孙敬好学，读书时，用绳子把头发系在屋梁上，以防止打瞌睡，来督促自己努力攻读……他们勤苦读书的故事，让人肃然起敬！颜真卿更是铭记“三更灯火五更鸡，正是男儿读书时”。所以，我们只要坚持不懈地刻苦读书，是不用担心将来成为“二毛之叟”时，竟会不如白面书生了！

相关链接：行也成也。善说者亦然。言尽理而得失利害定矣。——《吕氏春秋·开春》

无论是意气风发的青年还是须发斑白的老者，都应该不懈地读书，从书中汲取智慧和营养。读书不仅能够陶冶情操，也能让人获得无穷趣味。怡然自得，岂不快哉！在信息庞大的时代里，青少年不能沉溺于网络言情和玄幻小说里，应该多读书、读好书，借着这个人类进步的阶梯将自己送到成功充实的辉煌中去！

相关链接：读书贫里乐，搜句静中忙。——裴说《句》

君子之学，死而后已

君子之学，死而后已[1]。

——顾炎武：《与人书》

注 ①已：停止。

释义

君子的学问，到死才停止。

顾炎武，世称亭林先生，一生都崇尚笃实学习，“博权古今”，是明末清初的一大儒生。“君子之学，死而后已”这句话出自顾炎武的《与人书》，也是他的治学之道。他对学习的追求，其门人潘来曾有这样的评价：“无他嗜好，自少至老，未曾一日废书。出必载书相随。旅店少休，披寻搜讨，曾无倦色。”而在顾炎武自己看来，岁月如梭，光阴易逝，不要在乎自己是否已经老了，“夫一生仕宦，投老得闲，正宜进德修业，以补从前之缺”，“故君子之学，死而后已”。

战国末期，曾经有人问荀子：“学恶乎始，恶乎终？”即学习究竟应从何处入手又到何处结束呢？荀子说：“按其途径而言，应该从《尚书》入手到《礼经》结束；就其意义而言，则从做书生入手，到达了圣人的境界就可以停止学习，长期积累才能深入探究出其中的奥秘，学到死方能后已。所以学习的过程虽有尽头，但进取之愿望却不可以有片刻的懈怠。”在他看来，把学习当作毕生的追求才可以成为“人”，不愿学习或半途而废的就是“禽兽”，连人都当不成。荀子无疑是在强调“学不可以已”，而且他也是这样做的，从少年到老年，学习已成了他的一种很自然的习惯，岁岁如此，月月如一，日日都学习。这就是我们常说的要“活到老，学到老”。

在终身学习方面，清代思想家戴震可谓典范。戴震早年家境贫寒，自小读师塾。“就傅读书，过目成诵，日数千言不肯休。”每日勤奋苦读，废寝忘食。他的一生，研究领域涉及经学、历史、天文、地理、数学，并对中国哲学、语言学、音韵学都有着突出的贡献。凭借过人的才智，坚强的毅力，卓然成为一代大师。他尝教门生，严谨求实，好读书而必求甚解。他认为：“儒者于平生之遇，率目为适然，独孜孜不怠，以学自怡，竟老而不倦。”这种终生志于学的精神，正是戴震的自我写照。

可见，把学习贯穿生命的始终这样一种终生教育的思想，早在古代就

相关链接：矢之速也，而不过二里，止也；步之迟也，而百舍，不止也。——《吕氏春秋·博志》

得到了肯定与认同，在今天日新月异的社会更显出它的重要性。信息社会知识更新速度如此之快，迫使我们学习不能故步自封，浅尝辄止。只有持之以恒、孜孜不倦地努力学习各种知识，努力用人类社会创造的一切优秀文明成果丰富和提高自己，把个人抱负与时代和社会的要求紧密结合起来，把个人的命运与国家和民族的前途紧密联系起来，才能适应自己成长的需要，跟上时代的步伐，才能在新的发展中实现自己的理想。

然而学无止境，学习的海洋浩瀚无边，我们是要摄取里面的每一滴水吗？如果真是那样，结果往往是囫囵吞枣，到最后什么也学不会。戴震说："学贵精不贵博，知得十件而都不到地，不如知得一件却到地也。"这就是说要学有所成，学有所获。若只是为学习而学习，却不能知其要领，悟其深意，浪费了宝贵的时间和精力，学得再多到最后也只能是瞎子点灯——白废蜡了。

在学习过程中还要始终牢记"纸上得来终觉浅，绝知此事要躬行"。要学以致用，只学不用，充其量也只是纸上谈兵，到后来只会干出点类似刻舟求剑的傻事来。只有把学得的知识和本领运用到工作中，学习才能发挥它应有的作用。只学不用，把学到的知识紧紧攥在手中，只能被人称作"书呆子"，学以致用才是活学，是真学，才真正达到了学习的目的。

所以，"君子之学，死而后已"寥寥数字，却包含着"勤学、苦学、巧学"和"活学、活用"这么多的道理！

相关链接：宅从栽竹贵，家为买书贫。——许浑：《寄殷尧藩》

一日暴之，十日寒之，未有能生者也

虽[①]有天下易生之物也，一日暴[②]之，十日寒[③]之，未有能生者也。

——《孟子·告子上》

注
①虽：即使。
②暴：通“曝”，晒。
③寒：冻。

释义

即使有天底下最容易生长的植物，晒它一天，又冻它十天，没有能够生长的。

孟子名轲，字子舆，是我国古代思想家、教育家。他继承并发扬了孔子的思想，成为孔子以后的一代儒学宗师，有“亚圣”之称，和孔子并称为“孔孟”。《孟子》是由孟子及其弟子合著的，内容包括孟子的政治活动、政治学说、哲学思想和个性修养等。它共有《梁惠王》《公孙丑》《滕文公》《离娄》《万章》《告子》和《尽心》七篇。南宋朱熹将《孟子》与《论语》《大学》《中庸》合称为“四书”，直到清末，四书一直是科举必考内容。

隋朝时，有个人叫智永，他早年出家做了和尚，后来云游到浙江省的

相关链接：君不见黄河之水天上来，奔流到海不复回。——李白：《将进酒》

吴兴县，就在蒙公祠的一个寺庙里住下了。在这里，智永和尚深居简出，每天公鸡报晓时就起床，磨上一大盘墨，然后临摹王羲之的字帖，一直要写到深更半夜才肯罢笔，天天如此，无论严寒酷暑从未间断。日子一天天地过去，他的砚台都被磨得像石臼一样中部凹了下去。为了练字，智永和尚还在屋子里放了一只容量为一石多的大簏子，练字的笔头被写秃了，就把它扔进簏子里，日积月累，破笔头竟积了十大簏。后来，智永便挖了一个深坑，把所有的破笔头都埋进了坑里，并把它堆成了坟冢，称之为“退笔冢”。精诚所至，金石为开。智永和尚经过坚持不懈地潜心苦练，终于形成自己独特的书法风格，成为一代著名书法家。

相关链接：故凡学，非能益也，达天性也。能全天之所生而勿败之，是谓善学。——《吕氏春秋·尊师》

荀子也曾说过："不积跬步，无以至千里；不积小流，无以成江海。"绳锯木断，水滴石穿，无论做什么事情，只有持之以恒，始终如一地刻苦努力，才会有令人满意的收获。学习更是这样，若是抱着"三天打鱼，两天晒网"的态度，是学不到真知识，做不好真学问的。纵观古今中外，在各自的领域里卓有成就的大家，有谁是三心二意地对待自己的学业的？又有谁马马虎虎、随随便便就取得了令人瞩目的成绩？只有真正做到"数十年如一日"的努力与勤奋，才能最终有所建树。

其实，大家的聪明才智都是差不多的，谁更有耐力与毅力则成为学有所成的重要因素，尤其是在现今这个日趋浮躁与变幻无穷的社会，我们更需要拥有一颗坚定的心，向着自己的目标，孜孜不倦地努力与追求。唯有长久的坚持，才能助我们攀上胜利的高峰。可能会有人认为，在这个追求速度与效率的时代，一步一步地刻苦努力要浪费多长时间啊！殊不知，做事情，尤其是学习，一点一滴地积累，一丝一毫地坚持都是必不可少的。作辍无常永远都不会学得真本事，只有经历过持之以恒的努力，我们才能最终登上收获的山巅，一览成功的美景！

当然，在学习上我们也要注意劳逸结合，所谓"磨刀不误砍柴工"。有的学生喜欢搞"题海战"，把自己"埋"在书本里，一天到晚做题，最终导致恶性循环；而有些家长"望子成龙，望女成凤"，做完家庭作业，还要布置一大堆课外作业，压得子女喘不过气来，最终培养出书呆子一个。你问他（她）最感动的事是什么？答：妈妈主动放弃了休息时间，到书店帮我买了好多好多的习题让我做。在如此重压下，如果落个"出师未捷身先死"的结局，岂不悲哉?!

相关链接：粗缯大布裹生涯，腹有诗书气自华。——苏轼：《和董传留别》

常玉不琢，不成文章

常玉[1]不琢，不成文章[2]；君子不学，不成其德。

——班固：《汉书·董仲舒传》

注 ①常玉：平常的玉。
②文章：花纹。

释义

平常的玉不经雕琢，就不会有好看的花纹；君子不学习，就不能成就其德行。

班固是东汉史学家、文学家，他所著的《汉书》是我国第一部纪传体断代史，记载了西汉210余年的历史。“常玉不琢，不成文章；君子不学，不成其德”这句话出自《汉书》，是董仲舒向汉武帝上书请求朝廷“罢黜百家，独尊儒术”奏章中所说的话。在这封奏章中，董仲舒对汉武帝动之以情，晓之以理，建议他重视道德教化，选贤任能，“立太学以教于国，设庠序以化于邑，渐民以仁，摩民以谊，节民以礼”，希望通过“施教”与“尚学”来感化其民，使之“教化行而习俗美”。

从这句话中我们可以看出，他以“玉不琢，不成器”的比喻，来说明不管是君子还是普通人，只有通过不断的学习，才能成就德行的道理。普通的玉石，是要经过雕琢，方能成为玉中的精品；否则，它永远难登大雅之堂而只好被束之高阁。这里，班固特别强调读书的重要性。《荀子·劝学》中有言："吾尝终日而思也，不如须臾之所学矣。"此句虽涉及思考与学习的关系，但更多的是在强调学习的重要性，提倡我们多学习。孔子被许多人称为圣人，似乎其"文章似天成"，其实，他也"非生而知之者"，只是"好古，敏以求之者也"罢了，其所有学问，都是通过学习而得的。

中国传统文化"辩护家"辜鸿铭曾在张之洞府上的一次宴会上受到同僚沈曾植的冷落。一向自傲的他怎么也不明白为什么，于是他问："你为什么一言不发呢？"沈曾植回答说："你说的话，我都懂，但是你要懂我的话，还需要读二十年书。"辜鸿铭很受刺激，便发奋学习。二十年后，等他再见到沈曾植，叫人把藏书一部一部地搬到沈曾植的面前，并拱手施礼道："请教沈老前辈，哪一部书老前辈能背的而我不能背，哪一部书是老前辈能懂的而我不懂？"他通过不懈学习，有了反驳的资本，洗刷了二十年前的耻

相关链接：自得师者王，谓人莫己若者亡。好问则裕，自用则小。——《尚书·商书·仲虺之诰》

辱。当然，他“二十年琢一玉”的确是“成了文章”，但从他对“沈老前辈”说话中带有“报一箭之仇”的口气来看，又非君子之道，似乎还未“成其德”。

当然，读书要有选择，重要的是要读好书。事实证明，读好书，能使人走向光明，进入德的境界；读坏书、邪书，会使人走向绝路；不读书则会导致人进入黑暗的深渊。无德，是灵魂的卑鄙，是干坏事、办错事的一种动因。只有多读好书，才能治邪、治恶，促使美善之树长出文明的花朵。有句名言：“读一本好书，就是和许多高尚的人对话”，可见“读书可以成其德”。

由此可见，学习，是我们人生路上多么重要的一件大事。人一生下来，就被赋予了终身学习的使命。我们学说话，学走路，当掌握了基本技能后，我们便要开始学习更高层次的知识，比如：读书，写字，为人处世。

古人之学习是为了“成其德”，今天的我们，学习也为“德”，不过，这“德”却被赋予了更新、更广的含义。它要求我们学以致用，最终实现“对社会有益、对他人有利、对自己有助”这样的人生目标，真正成为“有理想、有道德、有知识、有纪律”的现代化新型人才。一个不读书的民族，只能是一个愚昧的民族，而愚昧的民族是不能立于不败之林的。

相关链接：读书不放一字过，闭户忽惊双鬓秋。——陆游：《寄题吴斗南玩芳亭》

三日不读，口生荆棘

三日不读[1]，口生荆棘；三日不弹[2]，手生荆棘[3]。

——朱舜水：《答野节问》

注 ①读：指读书学习。
②弹：弹琴，指学习技艺。
③荆棘：带刺的小灌木，这里“生荆棘”是指生疏了的意思。

释义

三天不读书，口就生疏了；三天不弹琴，手就像长了荆棘那样不灵活了。比喻一停止练习，知识和技艺就会生疏。

这句话讲的是熟能生巧的道理。“熟能生巧”是我国的一条古训，一般都认为，从古代起大家普遍采用这一原理来指导学习。于是，对于操作性技巧，就有“拳不离手，曲不离口”的说法，反复模仿练习，就会获得要学的手艺。而“熟读唐诗三百首，不会作诗也会吟”似乎是指有创造意义的学习了。朱舜水是在告诉我们，无论是读书还是学习技艺，只有勤学苦练，持之以恒，才能够得心应手。

从前有一个叫陈康肃的人，箭术非常好，举世无双，因此他心里非常骄傲，常常夸耀自己的本领，他的弟子更是只有恭维他的份儿。有一天陈康肃带着徒弟在院子里练箭，有一个卖油的老翁刚好路过，便停下来看。

相关链接：凡人亦必有所习其心，然后能听说。不习其心，习之于学问。不学而能听说者，古今无有也。——《吕氏春秋·听言》

只见陈康肃连发十箭，箭箭正中红心，于是他神气地对老头说：“怎么样?”老头只是微微点点头，并不叫好。陈康肃有点不高兴地问他：“你会射箭吗?”“不会。”“那就是说你觉得我的箭射得不好喽?”“你的箭术好是好，但只不过是熟练罢了，没什么好夸耀的。”陈康肃非常愤怒，于是叫老头也来露一手看看。老头拿了一个葫芦放在地上，又在葫芦口上面放了一枚有孔的铜钱，然后舀了一瓢油，看准了就向葫芦里面倒，油笔直地从钱孔流入葫芦，一滴都没有沾到铜钱，更不要说溅到外面了。陈康肃等人连忙啧啧称赞，老头却说：“这其实是一种很平常的技术，只是熟练罢了。”这就是“熟能生巧”的典故。

熟能生巧意味着不能半途而废，而是要持之以恒。当孟子的母亲听说孟子在学习上想要半途而废的时候，如果不是毫不犹豫地拿起剪刀剪

相关链接：人君人亲不得其所欲，人子人臣不得其所愿，此生于不知理义。不知理义，生于不学。——《吕氏春秋·劝学》

断了自己辛辛苦苦纺织了很久的布，恐怕孟子不会明白半途而废是一件多么可怕的事情，而我们也就失去了一位勤奋学习，继孔子之后儒家学派的又一大圣人。孔子曾经说过："学而时习之，不亦说（悦）乎？""温故而知新，可以为师矣。"这些都是在告诉我们学习任何东西都要"拳不离手，曲不离口"。

每个人都渴望成功。为成功而拼搏，就像奔向一个遥远的目标，但道路是崎岖而漫长的，路上更隐伏各种险阻，你用什么去对付它们呢？勇敢、坚毅、自信固不可少，但其中同样闪光的是坚持，是持之以恒的精神和毅力。可是，我们又不能错误地认为只要乘上持之以恒的列车总会到达成功的目的地。因为，成功不仅需要一颗永恒的心，而且也少不了一个清醒的头脑。也许你曾听过"蚂蚁爬墙的故事"。一只蚂蚁爬墙屡爬屡摔，就是不知改道，看似百折不挠的精神在它身上得到了充分的体现，实则愚蠢至极。因为它没有一个清醒的头脑，永远也不会看到墙上也许挂有一条绳子，或者有一道从墙脚一直裂到墙顶的裂缝——就算什么都没有，它也可以改道走，不必直直地爬，这样掉下来的可能性或许会大为减少了。

人生天地间，如白驹之过隙，我们面临的是挑战，是机遇，是挫折。虽然坚持到底，并不一定就能胜利，但你若放弃是决计不会成功的——历史，早已验证过这句话的前瞻性。

相关链接：有书堆数仞，不如读盈寸。——刘岩：《杂诗》

书山有路勤为径，学海无涯苦作舟

书山有路勤为径①，学海无涯②苦作舟。

——《增广贤文》

注 ①径：小路。
②涯：边际。

释义

书山漫漫，勤奋是攀登之路；学海茫茫，刻苦是引渡之船。

“书山有路勤为径，学海无涯苦作舟”为我国唐代诗人、哲学家韩愈的治学名联。深谙教育之道的韩愈以其卓越的文学才华而著称，他不仅对治学有着自己独到的见解，而且，还是一位热心教育的学者，他曾作《师说》一文强调师的作用和从师的重要性，其中“师不必贤于弟子，弟子不必不如师”的观点更是不流于俗、大胆创新的至理。他认为学习的精进在于勤勉，“书山有路勤为径，学海无涯苦作舟”这不仅是他对前人治学经验的总结，也是他自己宝贵经验的结晶。

历史上通过勤奋刻苦、发愤图强而有所成就的例子不胜枚举。晋代的祖逖就是个胸怀坦荡、具有远大抱负的人，可他小时候却是个不爱读书的淘气鬼。进入青年时代的他意识到自己知识的贫乏，深感不读书无以报效国家，于是便发奋读书，学问大有长进。24 岁的时候，有人推荐他去做官，他不为所动，仍然不懈地努力读书。后来，他和幼时的好友刘琨一起在司州（今洛阳东北）做主簿，由于两人感情深厚，不仅常常同床而寝，同被而眠，而且还有着共同的远大理想——建功立业，成为国家的栋梁之才。

一次，半夜里祖逖在睡梦中听到公鸡的鸣叫声，他一脚把刘琨踢醒，对他说："别人都认为半夜听见鸡叫不吉利，我偏不这样想，咱们干脆以后听见鸡叫就起床练剑如何？"刘琨欣然同意。于是他们每天鸡叫后就起床练剑，剑光飞舞，剑声铿锵。春去冬来，寒来暑往，从不间断。功夫不负有心人，经过长期的刻苦学习和训练，他们终于文武双全，祖逖被封为镇西将军，实现了他报效国家的愿望；刘琨做了都督，兼管并、冀、幽三州的军事，也充分发挥了他的文才武略。

与祖逖闻鸡起舞相比，宋代学者刘载好学不倦的精神从另一个角度印证了"知识无底，学海无涯"的道理，挂在他书斋的对联"夜晚人静后，早起鸟鸣先"正是他刻苦认真的生动写照。而《四库全书》的总纂纪晓岚特别钟爱"浮沉宦海为鸥鸟，生死书丛似蠹鱼"一联，在联中他自喻为"蛀书虫"，其爱书之情力透纸背，虽是戏谑之语，却也可见他是多么热爱读书啊！

时过境迁，但"书山有路勤为径，学海无涯苦作舟"这句话仍不会过时。学习没有终南捷径，只有那些勤奋刻苦、在所学上肯下工夫的人才能在无尽的书山学海中自由徜徉，乘风破浪，到达成功的彼岸。张衡曾说，人生在勤，不索何获。华罗庚也说，聪明出于勤奋，天才在于积累。勤奋出真知，现代社会日新月异，节奏越来越快，没有勤奋努力何以在这个竞争无处不在的时代立稳脚跟？我们常说，"笨鸟先飞"，先天不足后天补，勤奋使人变得聪明，此正是勤能补拙，一分耕耘一分收获嘛。那么，这是不是意味着聪明的人就不需要"勤"和"苦"了呢？当然不是！天才是百分之一的灵感加上百分之九十九的汗水。即使再聪明的人没有勤勤恳恳的耕耘付出，只会白白浪费上天赐予他的禀赋。

值得一提的是，毕竟历史的车轮滚滚向前，已经到了 21 世纪的今天，

相关链接：光景不待人，须臾成发丝。——李白：《相逢行》

各种书籍浩如烟海，根本无法穷尽。因此我们不仅要勤学、苦学，还要学会乐学、巧学，也就是说，在学习古人奋发苦读精神的同时，还要在学习方法上与时俱进，找到适合自己的学法才行。

相关链接：当怒读则喜，当病读则痊。——杨循吉：《题书橱》

观天下书未遍，不得妄下雌黄

颜之推曰："校定书籍亦不容易，观天下书未遍，不得妄[①]下雌黄[②]。或彼以为非，此以为是，或本同末异，或两文皆欠，不可偏信一隅也。"

——颜之推：《颜氏家训·勉学》

注
①妄：胡乱。
②雌黄：黄色颜料。古时写字用黄纸，写错后用雌黄涂抹再写。这里指批改文章。

相关链接：志小则易足，易足则无由进。——张载：《经学理窟·学大原下》

释义

颜之推说："校对书籍也不是一件容易事，没有把天下所有的书看遍，就不能对他人书籍文章胡乱涂改。或者那本书认为是错的，而这本书却认为是对的；或者是大同小异，或者是两部书都错了，不能偏信某一部书。"

颜之推，北齐文学家。生于南朝梁之江陵，仕梁元帝散骑侍郎。以学问广博著称，历仕四朝，"三为亡国之人"，他的《颜氏家训》是为了以儒家思想教育子弟而作。"观天下书未遍，不得妄下雌黄"是颜之推根据个人读书经验告诫子弟，不要在读书太少的情况下随随便便发表意见，实际上就是强调“严肃认真，勤奋博学”的治学态度，并不是真的要你去“观遍天下书”。

南唐徐锴在任秘书省正字一职时，用于校书的朱砂和雌黄从不离手，不工作到天黑不回家。曾经有一次回到家中说：“我不过是寄宿在这里罢了！”把家当旅馆，把“单位”当家，此话虽很幽默，但其“勤奋到家”的拼搏精神可见一斑！由于他精通字词训诂之学，所以他所校勘订正的书籍特别精审谨严。朱熹给杨元范信中曾说：“字书音韵，是研究经典中的一个重要方面，前人大多数都不太留意，岂不知在这个问题上不注意，就很容易主观臆断，牵强附会而抓不住真正的意思，害处很大……”

与勤奋博学相反，时下有不少人看到莘莘学子或“十年寒窗”后一时找不到合适的工作，或虽有工作，但所挣薪水不及早早弃学而加入打工仔行列的昔日同窗……于是，在他们的脑袋中产生了新的“读书无用论”，厌学之风频吹。不过也难怪，你看，有不少人虽然脑袋里瘪瘪的，但口袋里却鼓鼓的。当然，也不能说他们一点也不爱书，你看，当他们大把大把地花钱雇人为自己写书时，眼睛眨了一下了吗？难怪有人戏说这年头“博士摇唇鼓舌，到处捞钱，像老板；老板‘著’书立说，到处扬名，像博士”了。殊不知“积财千万，无过读书”。没文化，也就没眼光，没了后劲，把握不了大局，生意常常大起大落，到头来还是吃了不读书的亏。

当然，书是读不尽的，不过历史学家范文澜坚持“天圆地方”的治学态度倒是很发人深省。天，指人的头脑，要圆（灵活），若方，就呆板；地，指人的屁股，方，才坐得住，能认真读书，圆了，就滑，坐不稳了。范老的话虽说得诙谐，却道出了治学的辩证法。治学的根基是地要方，就是能耐住寂寞，孤身苦坐，这是治学的前提和保障。心浮气躁，急功近利，追逐时尚者必将一事无成。

书是知识的载体，是向上的阶梯，愈是有人厌读愈是说明有倡读之必要。“天圆地方”之说告诉我们，治学者不能钻入死胡同去自掘坟墓，在屁股生茧的基础上，头脑也一定要灵活一些，眼界要放宽一些，对于相关的学问要做到融会贯通。虽然不必达到如《颜氏家训》所说

相关链接：古之立大事者，不惟有超世之才，亦必有坚忍不拔之志。——苏轼：《晁错论》

的“观天下书未遍，不得妄下雌黄”那种地步，但也决不能只把眼睛盯在鼻子尖儿前那一丁点儿的地方，还美其名曰“术业有专攻”。

相关链接：读书能养气，乃为善读书。——汪莹：《示儿》

相关链接：子夏曰："日知其所亡，月无忘其所能，可谓好学也已矣。"——《论语·子张》

黑发不知勤学早，白首方悔读书迟

三更灯火五更鸡，正是男儿读书时。黑发不知勤学早，白首方悔[1]读书迟。

——颜真卿：《劝学》

注 ①悔：悔恨。

释义

三更时灯还亮着，五更时鸡就叫了，正好应当是学子勤奋学习的时候。年轻的时候不知道要趁早勤奋地学习，等到头发花白年纪大了才悔恨读书读得太迟了。

这是颜真卿在《劝学》一诗中的名句。诗中通过这一"早"一"迟"鲜明的对比，生动形象地劝勉告诫人们，要抓住青春年华的大好时光，努力学习，勤奋读书；否则，等到光阴流逝，头发花白，此时才回头发现自己虚度青春，荒废了一生，再悔恨当初没有好好读书就为时已晚了。

颜真卿本身就是一个自幼勤奋好学之人。由于儿时家里贫穷买不起纸笔，他就用笔蘸了黄泥水在墙上练字。即便条件如此艰苦，他还是日复一日，从不间断。一开始学褚遂良，后师从张旭，又汲取初唐四家特点，兼收篆隶和北魏笔意，自成一格，人称“颜体”。他的“颜体”，与柳公权并称“颜柳”，有“颜筋柳骨”之誉。颜体奠定了颜真卿楷书千百年来不朽的地位，使他成为中国历史上富有影响力的书法大师之一。而今天我们回顾颜真卿的成就，显而易见这与他的自幼潜心研习是分不开的。若无他的日日苦练，勤奋好学；若非他虽身处贫穷困苦而心念发奋勤习，恐怕再有十个颜真卿也难创作出“颜体”之旷世巨作来。他珍惜了自己的青春年华，“黑发始便知勤学，白首仍不辍研习”，不仅自己不枉此生，也为后世留下了一笔宝贵的精神财富。

相传曾国藩年幼时不擅背书，常人几遍即可，他却几十遍还背不下来。但他十分勤奋苦学，好求上进，宁愿付出多于常人好几倍的努力，也要完成任务，还留下了一个十分有趣的逸事。有一天晚上，小偷光顾他家，恰遇曾国藩挑灯夜读。于是小偷打算等曾国藩熄灯睡觉了再入室作案。结果由于曾国藩老是背不好，就一遍一遍诵读，直至后半夜还是没有背熟。而躲在一旁的小偷倒学会了。但见曾国藩丝毫没有熄灯就寝之意，此梁上君子忍无可忍，只好从屋顶跳下，对着曾国藩的窗户将文章从头至尾背了一遍后便扬长而去。或许这个故事的可信度尚待考究，但曾国藩从小就勤奋好学、刻苦读书这一点是毋庸置疑的。勤学好读，发愤而作，为他后来倡导洋务运动，奠定了相当牢固的知识基础。纵观古今中外，凡能有所作为之人，有几个不是从小就勤奋好学？孔圣人自不必说，李白、杜甫、张良、王冕等我们耳熟能详的人物，他们之勤学亦都是有口皆碑。

人生不过百年，犹如白驹过隙，本就十分短暂；而青春更是短短人生中的弹指一挥间，转瞬即逝。它容不得你踌躇片刻，一旦错过了这个读书的黄金时期，就再也无路可退了。“一寸光阴一寸金，寸金难买寸光阴”，对不少人来说，这也许只是一句挂在嘴边的口头禅，而真正能理解个中滋味的能有几个？却只怕都是老来方恨罢了！

读书是一个渐进的过程，是一个永不间断的过程。天涯地角有穷时，唯有学海无尽处。我们只有珍惜每一个现在，趁“年轻”这一黄金时间多储备些知识，勤学习，多读书，老来才不会觉得自己一无所知，一无所用，

相关链接：子曰：『小子何莫学夫诗？诗，可以兴，可以观，可以群，可以怨。迩之事父，远之事君；多识于鸟兽草木之名。』——《论语·阳货》

才不会被抛在时代的后面。少壮不努力，老大徒伤悲。与其晚年悲叹悔恨，不如趁着年轻勤学苦练，活出一个充实的无憾的人生来！“江无回头浪，人无再少年”，滚滚东逝的长江水不知带走了多少英雄豪杰，纵使天资聪颖过人，如空耗青春，靠“吃老本”度日，最后终究与草木同朽。此时追悔，为时晚矣！

相关链接：寒夜读书忘却眠，锦衾香烬炉无烟。——袁枚：《寒夜》

少年易老学难成，一寸光阴不可轻

少年易[1]老学难成，一寸光阴[2]不可轻。未觉[3]池塘春草梦，阶前梧叶已秋声。

——朱熹：《劝学诗》

注
①易：容易。
②光阴：指时间。
③觉：发觉。

释义

年轻人很快会变老，而学问却难以成器，一分一秒的时间都不可以轻易地放过，还没来得及发觉池塘里的春色，门前飘落的梧桐叶已经在暗示我们，秋天已经来了！

朱熹是我国南宋时期著名的理学家、教育家、文学家，世称“朱子”，是儒家学说在后世的集大成者。这首诗旨在告诉我们要趁着少年珍惜时间，多学一些知识，不要等时光匆匆流逝，才后悔莫及。

有一次，正是深秋，梧桐树飘落叶的季节，朱熹站在屋檐下，看着满地翻卷的枯叶感慨自己年老体衰，还有很多想做的事情没来得及做，“岁

相关链接：人才有高下，知物由学，学之乃知，不问不识……所谓圣者，须学以圣。——《论衡·实知》

月如驶不待人”的感叹便油然而生。这时，一阵少年打闹的笑声从墙外传来，朱熹不禁叹道：“年轻人太不懂得珍惜时间了！”在他看来，虽然做事、读书应该有劳有逸，业余时间走走玩玩也是必要的，但是却不能在该学习的时间也玩耍

相关链接：古之学者为己，今之学者为人，君子之学也，以美其身；小人之学也，以为禽犊。——《荀子·劝学》

啊，于是，他就作了这首劝学诗。诗的前两句是朱熹用切身体会告诉年轻人人生易老，学问难成，要爱惜大好光阴。后两句则用“池塘春草梦”和“梧叶已秋声”生动地写出了时光荏苒，岁月如梭的道理，不仅增添了诗的韵味，更是一个老者的谆谆教诲，教育我们应该珍惜自己美好的年华，努力学习，切莫让可贵的时光从身边白白地溜走。

朱熹本身就是一个能够深刻理解“一寸光阴一寸金”，并且付诸于实践的典范。他之所以能够成为“程朱理学”的集大成者，这与他从小立志于学，博览群书是息息相关的。相传朱熹学习时心无二念，曾经在家苦学三年，足不出户，甚至“目不窥园”。也就是说在他学习的那三年中，每次走过自己家的花园都从不向花园里看一眼。他那种对学问的渴望与探求，成为千古佳话，也成为后世学子求学的榜样。朱熹把一生的经历都倾注在讲学和著书上，终于建立了中国古代完整的哲学体系，他的思想从此成为封建社会的正统思想，影响至今。

无数的先辈用毕生的经验不停地告诉我们，年轻人一定要珍惜时间！如《长歌行》中的“少壮不努力，老大徒伤悲”；如唐代书法大师颜真卿的“黑发不知勤学早，白首方恨读书迟”；如诗人韩愈的“业精于勤，荒于嬉”。鲁迅也曾经说过：“生命是以时间为单位的，浪费别人的时间等于谋

相关链接：读书患不多，思义患不明。——韩愈：《劝学诗》

财害命；浪费自己的时间，等于慢性自杀。”古来一切有成就的人，都很严肃地对待自己的生命，当他活着一天，总要尽量多工作，多学习，不让时间白白地浪费掉，这样生命才有价值。

时间，每个人每一天得到的都是24小时，可是一天的时间足以给勤勉的人带来智慧和力量，而给懒散的人，却只能留下一片悔恨。时间老人公正地见证着我们的每一个成功和失败。

有些事情，由于我们的年轻而不曾明白是情有可原的，但等到我们已不再年轻时，才感到光阴的珍贵就不可原谅了。当然，珍惜光阴，什么时候都不晚！

相关链接：立身以立学为先，立学以读书为本。——欧阳修

不贵尺之璧，而重寸之阴

不贵尺[1]之璧，而重寸之阴[2]。

——《淮南子·原道训》

注
①易：容易。
②光阴：指时间。
③觉：发觉。

释义

有一尺长的美玉不能算是真正的宝贝，而即使是片刻时光也值得珍惜。

“圣人不贵尺之璧，而重寸之阴”这两句话语出《淮南子》。璧的本义是平而圆、中心有孔的玉环，后人将上等的美玉称为璧。其实，不管大小，璧还是极其宝贵的，曾有“和氏之璧，价值连城”的故事，不过，与光阴相比较而言“尺璧非宝”了！后人则简言“尺璧非宝，寸阴是

相关链接：孔子登东山而小鲁，登泰山而小天下，故观于海者难为水，游于圣人之门者难为言。——《孟子·尽心上》

竞”，成语“一寸光阴一寸金”就是出自这里。

“竞”（通“競”）字的甲骨文字形是两个人在竞逐、奔走，本义是竞争、角逐和比赛的意思。

古代著名画家王冕出身贫寒，家中无力供他上学，他只得到一个姓秦的人家放牛。王冕时刻想着读书学习，每次出去放牛，都借本书带在身上，骑在牛背上读。有时牛在吃草，他就坐在树下看书，结果牛跑了也不知道。就是靠着利用点点滴滴的时间，他自学了很多知识，终成一代画家。

相关链接：不闻不见，则虽当非仁也，其道百举而百陷也。——《荀子·儒效》

早期的革命家邓中夏先生，他在北大读书时，为了不受人干扰，抓紧时间，干脆写了个“五分钟谈话”的纸条贴在书桌上，来访的客人看到这字条后，如果没有重要事情便会马上识趣地告辞。有的客人甚至受他的影响，也抓紧时间读书，不再虚度年华了；地质学家李四光在野外进行地质勘探时，经常用石头做枕头睡觉，只要一动，就会被石头硌醒，于是他马上就起来投入工作；至于鲁迅先生“把别人喝咖啡的工夫用在写作上”，终成一代文豪的故事则更是家喻户晓。从古至今，凡有成就者，无不把时间看得比生命还重。

是的，早在两千年前，有人就感叹“逝者如斯夫”，因为，枯树会逢春，花谢能再开，而人无再少年。想起当下在网上流传甚广的《教室铭》不禁令人扼腕叹息，有些人“分不在高，及格就行；学不在深，作弊就灵。斯是教室，惟吾闲情。小说传得快，杂志翻得勤。寻思去网聊，琢磨垒长城。可以打瞌睡，抄金曲。无书声之乱耳，无复习之苦心。虽非跳舞场，堪比游乐厅。心里云：混张文凭。”此等“混世魔王”与古之人杰、今之群英相比，简直太渺小了。君不知，千金散尽还复来，可青春易逝似流水，濯足长流，抽足复入，已非前水！“好（hǎo）读书时不好（hào）读书”，等到“好（hào）读书时不好（hǎo）读书”，悔之晚矣！

一个叫五岳草的网友讲得好：人，在青春时期如果荒芜学业，懒于耕耘，蹉跎光阴，自暴自弃地滞留在失望的沙滩，或整日邀朋携侣周游浪荡，形同粉蝶将春光耗费于花丛柳荫之间，或沉湎于霓虹摇滚之中，那么岁月驰去，华发染鬓的暮年时候，你一定会感到空寂怅惘的，因为你已把金色般青春时光闲掷虚抛了，剩下的仅是“江晚正愁予，山深闻鹧鸪”的凄境了，那时的悔恨是永远无法弥补的。所以我们应把青春的弦拉得紧一些，这样方能奏出高亢激越、荡人心旌的乐章；反之，青春之弦一旦松弛，那只能是弹出“呕哑嘲哳难为听”的噪声。

“劝君莫惜金缕衣，劝君惜取少年时”就是殷切希望我们珍惜青春，在人生希望的田野上，惜时如金，勤奋耕耘，让青春的花朵美丽绽放，结出丰硕的果实！只有这样，才不致在蹉跎明日中白了少年头，空悲切！

相关链接：书犹药也，善读之可以医愚。——刘向

附赠中外名人名言

- 以家为家，以乡为乡，以国为国，以天下为天下。

——《管子·牧民》

- 临患不忘国，忠也。

——《左传·昭公元年》

- 长太息以掩涕兮，哀民生之多艰。

——屈原：《离骚》

- 苟利国家，不求富贵。

——《礼记·儒行》

- 捐躯赴国难，视死忽如归。

——曹植：《白马篇》

- 先天下之忧而忧，后天下之乐而乐。

——范仲淹：《岳阳楼记》

- 位卑未敢忘忧国。

——陆游：《病起书怀》

- 王师北定中原日，家祭无忘告乃翁。

——陆游：《示儿》

- 人生自古谁无死，留取丹心照汗青。

——文天祥：《过零丁洋》

- 精忠报国。

——《宋史·岳飞列传》

- 失信不立。

——《左传·襄公二十二年》

- 朝闻道，夕死可矣。

——《论语·里仁》

- 士志于道，而耻恶衣恶食者，未足与议也。

——《论语·里仁》

- 士不可以不弘毅，任重而道远。

——《论语·泰伯》

- 志不强者智不达。

——《墨子·修身》

- 燕雀安知鸿鹄之志哉!

——《史记·陈涉世家》

- 有志不在年高，无志空长百岁。

——石成金：《传家宝·俗谚牧民》

相关链接：至乐莫如读书，至要莫如教子。——《增广贤文》

●闻过则喜，知过不讳，改过不惮。

——陆九渊：《与傅全美》

●有则改之，无则加勉。

——朱熹：《四书章句集》

●不贵于无过，而贵于能改过。

——王阳明：《改过》

●秦恶闻其过而亡，汉好谋能听而兴。

——薛瑄：《读书录》

●改身之过，迁(发扬)身之善，谓之“修身”。

——颜元：《颜习斋先生言行录》

●忠言逆耳利于行，良药苦口利于病。

——《增广贤文》

●人生的价值并不是用时间，而是用深度去衡量的。

——列夫·托尔斯泰

●“天才就是勤奋”曾经有人这样说过，如果这话不完全正确，那至少在很大程度上是正确的。

——李卜克内西

●一个人的缺点仿佛是他优点的继续，如果优点的继续超过了应有的限度，表现得不是时候，不是地方，那就会变成缺点。

——列宁

●我们从失败中学到的东西要比从成功中学到的东西多得多。

——斯迈尔斯

●没有顽强的细心的劳动，即使是有才华的人也会变成绣花枕头似的无用的玩物。

——斯坦尼斯拉夫斯基

●人生就像弈棋，一步失误，全盘皆输，这是令人悲哀之事；而且人生还不如弈棋，不可能再来一局，也不可能悔棋。

——弗洛伊德

●最先和最后的胜利是征服自我，只有科学地认识自我，正确地设计自我，严格地管理自我，才能站在历史的潮头去开创崭新的人生。

——柏拉图

●天才，就是百分之一的灵感加上百分之九十九的汗水。

——爱迪生

●取得成就时坚持不懈，要比遭到失败时顽强不屈更重要。

——拉罗什夫科